【朕說歷史】

戰國篇

朕說·黃桑 編繪

時報出版

【朕說歷史】戰國篇

編　　繪──朕說‧黃桑
主　　編──王衣卉
責任企劃──王綾翊
書籍裝幀──evian

第五編輯部
總　　監──梁芳春
董 事 長──趙政岷
出 版 者──時報文化出版企業股份有限公司
　　　　　　108019 臺北市和平西路 3 段 240 號
　　　　　　發 行 專 線─（02）2306-6842
　　　　　　讀者服務專線─0800-231-705‧（02）2304-7103
　　　　　　讀者服務傳真─（02）2304-6858
　　　　　　郵　　　　撥─19344724　時報文化出版公司
　　　　　　信　　　　箱─10899 臺北華江橋郵局第 99 信箱
時 報 悅 讀 網─http://www.readingtimes.com.tw
電 子 郵 件 信 箱─yoho@readingtimes.com.tw

法律顧問─理律法律事務所 陳長文律師、李念祖律師
印　　　刷─勁達印刷有限公司
初版一刷─2021 年 11 月 5 日
定　　　價─新臺幣 420 元

朕說歷史. 戰國篇/朕說‧黃桑編繪. -- 初版. -- 臺
北市：時報文化出版企業股份有限公司, 2021.11
328面 ;14.8×21公分
ISBN 978-957-13-9642-2(平裝)

1.戰國史 2.通俗史話

621.8　　　　　　　　　　110017985

ISBN 978-957-13-9642-2
Printed in Taiwan

朕說宮廷檔案

黃桑

一個集賤萌與貪吃於一身的皇帝，

日常抖機靈，

毒舌侃八卦，

資深「窮（嗶～）肥宅」，卻胸懷整個天下。

朕說宮廷檔案

小太監

善良可愛，敏感細膩，
照顧黃桑的飲食起居，
是宮裡深得人心的小暖男。

朕說宮廷檔案

錦衣衛（保鑣）

宮裡的「顏值擔當」，
身手不凡，冷酷面癱，
原是被派來刺殺黃桑的殺手，
被黃桑當場高價收買。

朕說宮廷檔案

然鵝

一隻永遠都吃不飽的鵝，
處於食物鏈的最底層，
是黃桑的寵物，
雖然一直被黃桑欺負，
卻幻想著有一天能制霸皇宮，
嫦鵝的男朋友。

蛋是

一隻有著特殊蛋蛋的柴犬，
看家護院，
皇宮必備。

大利

一隻脾氣暴躁的大雞，

皇宮年度吉祥物，

被賜號「大雞大利」。

目錄

第一章

戰國繼續亂亂亂，都是拳頭說了算

—— 戰國歷史脈絡

孔子曾經用**四個字**評價春秋時代——**「禮樂崩壞」**。

到了戰國，禮樂就乾脆崩得**連渣渣都不剩了**。

周公在西周初年啟用的這種**分封制**，是靠**「禮」**來維護的。

但到了戰國，「禮」完全被**拳頭**取代，

只要拳頭夠硬，搞死老闆那是**幾分鐘的事情。**

首先被搞的是晉國。

晉國本來是**周武王兒子**的封國，國君**姓姬**，

現在卻被**韓氏、魏氏、趙氏**三個卿大夫

分了田地，

分了金銀，

分了妻妾……

晉國最後一個君主**晉靜公**被廢為**庶民**，

從此華夏大地再無晉國，卻冒出了**韓國、魏國、趙國**三個國家。

再是東邊的齊國。

當家人本是**姜子牙的後代**，卻被卿大夫**田氏**操控。

後來田氏嫌麻煩，乾脆撕掉了最後的遮羞布，一腳把國君踢下寶座，

自己開開心心地一屁股坐上了君主之位。

註：雨窩無瓜，網路用語，「與我無關」的諧音。

魯國更慘，被**孟氏**、**叔孫氏**、**季氏**（三桓）按在地上摩擦。

堂堂**周公旦後代**的封國，在戰國幾百年的歷史裡，

就像個**透明人**一樣，**毫無存在感**。

按理說，如果是在西周初年，

當時的周天子是**絕對不允許發生**

像「**三家分晉**」和「**田氏代齊**」這樣大逆不道的事情的。

在**拳頭**面前，現在的周天子也只好**一邊裝聾作啞，一邊苟延殘喘**。

篡逆者還能得到周王室**官方認證的小紅花**。

寡人要正式冊封你們為諸侯……

既然完全憑拳頭說話，大家就**各逞其能**，

發動的戰爭規模也越來越大。

春秋時代**征服性**的戰爭，

演變成了**以殺人、掠地、搶金銀**為目的的**屠殺。**

爭地以戰，殺人盈野，爭城以戰，殺人盈城。

——《孟子》

越來越多的小國被滅掉，最後主角就剩下七個大國，

也就是歷史上常說的「戰國七雄」——秦、齊、楚、燕、韓、魏、趙。

大家都明白，想要活下去，唯有讓拳頭硬起來，

沒有最硬，**只有更硬。**

大家都想到的辦法就是**變法！**

簡單說，就是**廢除貴族世襲特權，**

讓有本事的人上位，不行的就滾蛋；

在籠絡天下人才的同時，還要儘量**加強國君的權力。**

魏國任用**李悝**，第一個開始搞變法，因此最先強大起來，

在戰國初年**吊打四方。**

一看變法這麼有效，**各國紛紛開始「抄作業」。**

但變法觸動了**舊貴族**的利益，舊貴族紛紛出來阻止變法。

吳起在楚國搞變法時，支援他的楚王剛剛死掉，

楚國貴族就**發動叛亂**，帶人包圍了王宮，把他射成了一個**刺蝟**。

而戰國時期最成功的變法發生在秦國。這就是著名的**商鞅變法**。

雖然商鞅最後的結局也挺慘的，被舊貴族**五馬分屍**，

但他推行的一系列變法得到了**繼承**。

從此，秦國逐漸強大，

成長為其他六國口中的**「虎狼之國」**。

要對付秦國，其他六國單打獨鬥的話，誰都不是秦國的對手。

這時候魏國一個叫**公孫衍**的人，想出一個對付秦國的方法——

合縱！

秦國也不傻，不會坐視其他國家聯合起來打秦國。

秦相**張儀**整理出了破局法——**連橫！**

目的是拆散合縱抗秦的聯盟，

尤其是離間**齊國**和**楚國**兩個大國的關係。

張儀的操作簡直**妖氣沖天！**

楚懷王傻到不行，派使者去齊國把齊王罵了一頓，

齊楚關係**完全破裂**⋯⋯

然後，楚懷王還傻乎乎地派人去找張儀要地。

其實東方六國總是各懷鬼胎，始終**沒法真正統一戰線**，一致抗秦，

很多時候反倒為了**蠅頭小利，**彼此之間還打來打去，

任由秦國越變越強。

秦王**嬴政**即位以後，加快了攻滅六國的進程，

六國便一個個迫不及待地**跳到了秦王的碗裡。**

戰國的歷史總結起來就是——

前半段，大家亂打一通，剩七個諸侯勝出；

後半段，西邊的秦國和東邊的六國一通亂打，秦國勝出。

有人統計過，自商鞅變法以後，

秦國參與大戰六十五次，全勝五十八次，

在戰場斬首敵軍一百五十萬，攻占城池一百四十七座，

橫行天下、勢不可擋。

雖然有人想要垂死掙扎一下，

但也**阻擋不了秦國統一六國的進程。**

最終，**秦國一統天下**，建立了**秦帝國**。

第二章

別人打勝仗靠刀劍，他打勝仗靠灶台

——齊國終結魏國霸權

春秋時代**齊國**國君的寶座，本來專屬於姜子牙的後人。

蛋　是

後來齊國的卿大夫**田氏家族**，一腳把姓姜的踢開，

自己高高興興地坐上了寶座。

隨著**戰國時代**的到來，齊國歷史就這樣進入了**田氏**時代。

朕在前面也說過，戰國初年，

魏國第一個跳出來搞變法，率先強大起來，吊打四方。

蛋是

終結魏國霸權的，不是後來一統天下的秦國，而是**齊國**！

帶領田氏齊國打翻魏國的能人呢，在歷史上非常有名，

不過史書上**沒有記載他的真名**，我們只知道他是**孫子的後代**。

(對，就是寫《孫子兵法》的那個)

他被稱為**孫臏**，後來也寫了本兵法書，叫**《孫臏兵法》**。

所謂**臏刑**，很多人**誤以為**只是挖去膝蓋骨，

然而事實更殘酷，**要砍去腿部膝蓋以下所有的部分！**

孫臏身為一代軍事天才，因遭受臏刑而成為**殘疾人**。

這個禍根就在於他有一個嫉妒心爆棚的同學──**龐涓**。

傳說孫臏和龐涓都曾在**鬼谷子**門下學習兵法，
在那個時候，孫臏就展現了**遠超**龐涓的軍事天分。

龐涓出師後去了魏國，在魏惠王手下當上了將軍。

能力全方位輾壓他的孫臏，一直是他心裡的**一顆釘子**，
他害怕孫臏出師以後表現得太耀眼，讓自己永遠沒有**出頭之日**。

所以他決定——**用計謀陷害孫臏。**

龐涓先邀請孫臏到魏國，然後**捏造罪名**，陷害孫臏，
讓他受了**臏刑**以及**黥刑**（也就是在臉上刻字並塗墨）。

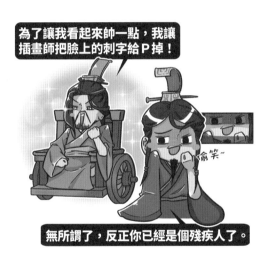

老天爺非常眷顧孫臏。

受刑後，孫臏得知**齊國使者**來到了魏國，

便偷偷求見。

齊國使者見到孫臏後很吃驚，

覺得眼前這傢伙是**難得的人才，**就偷偷把孫臏運回了齊國。

到了齊國後，孫臏很受齊國大將**田忌**的賞識，成了田忌的**門客**。

要成為一名優秀的門客，得有**一肚子壞水好點子**才行。

剛好，孫臏同學的腦袋瓜裡總有很多**讓人意想不到**的點子。

田忌喜歡和齊國的諸位公子玩**賽馬，**而且賭注下得很**重**。

由於大家的馬都是**上、中、下**三個等級，

同等級的馬的水準都差不多，**所以沒有人有穩贏的把握。**

除了——

孫臏說服田忌加大賭注再玩一輪。

新一輪賽馬，連齊國國君**齊威王**也參與進來，下了~~千金~~賭注。

田忌按照孫臏的計策，三局兩勝，果然**贏得了比賽**。

經過這場賽馬，孫臏**名聲大噪**。

田忌更加欣賞他，把他**舉薦**給了齊威王。齊威王也向孫臏請教兵法。

蛋　是

這還不是孫臏最光榮的時刻。

接下來，孫臏透過兩場戰役——**桂陵之戰**和**馬陵之戰**㊟，

不僅**終結**了魏國的霸權，還**消滅**了一生的宿敵龐涓！

達到事業巔峰的同時，還完美地
解決了個人恩怨！痛快啊！

第一場　　桂陵之戰

魏國是當時**戰國第一強國**，基本上想打誰就打誰，氣焰非常**囂張**。

當時**魏國派大軍攻打趙國**，將趙國首都邯鄲包圍了。趙國向齊國求救。

齊威王決定讓孫臏當大將，率領齊國軍隊去**救援**趙國。

註：關於桂陵之戰和馬陵之戰這兩場戰役有多個版本的說法，本文採用《史記》的說法。

然鵝

孫臏拒絕了。

我是受過刑的人，沒資格當主將。

黥刑

臏刑

齊威王只好任命田忌當**大將**，讓孫臏當**軍師**，
孫臏坐在輪椅上出謀劃策就好，親自上陣打打殺殺就免了。

我懷疑諸葛亮模仿孫臏坐輪椅，但我沒有證據。

田忌想讓大軍直接開往**邯鄲**，但孫臏表示反對，建議**「避實擊虛」**，
趁著魏國精銳在趙國，後方空虛，直接去攻打魏國的首都**大梁**。

「**圍魏救趙**」的典故就是來自這裡。

孫臏這一招果然不得了，嚇得魏國大軍趕緊從邯鄲回軍。

結果在**桂陵**這個地方，魏國大軍和齊國大軍相遇。

齊軍把魏軍打得**落花流水**。

據說龐涓在這次戰役中被齊軍**俘虜了**，不過很快被齊國釋放。

可惡！竟然被孫臏這小子俘虜！我不會允許這種事再發生！

第二場　　馬陵之戰

這場戰役發生在桂陵之戰的十三年後。

這一次，**魏國去打韓國，**

老樣子，韓國也向齊國求救。

齊國派去救援韓國的，

還是以往的組合——**田忌和孫臏，**

連解圍的招數也是老一套——**讓齊軍直撲魏國的首都大梁。**

這一次，龐涓**又**趕緊回軍，在齊國大軍的屁股後面窮追不捨。

孫臏為了讓龐涓**輕敵，**想出一個絕妙計策——

軍隊做飯得**建灶**，根據灶的數量可以推測軍隊的情況，孫臏便下令：

第一天建十萬灶，第二天減為五萬灶，第三天減為三萬灶。

龐涓追了三天三夜，發現齊軍做飯的灶越來越**少，**

立刻腦補出一個結論：

齊軍士氣低落，士兵正在逃亡。

灶可以作假，但屎不可能作假。如果龐涓聰明一點，懂得觀察齊軍遺留的大便數量，大概歷史就會改寫……

龐涓非常興奮，丟下魏軍大部隊，

只帶**少數輕裝兵馬，**風風火火地去追齊軍了。

終於在**馬陵道**這個險地，他追上了齊軍。

當時已是**傍晚**，龐涓看到一棵被削了樹皮的大樹，

樹上隱隱約約寫著字。

他趕緊讓士兵點起火把，一看，大樹上寫著：

龐涓死在這棵樹下。

頃刻間，齊軍**萬箭齊發**，魏軍潰不成軍。

龐涓自知兵敗，拔劍**自刎**。

原來孫臏早就吩咐了齊軍弓箭手：

哪裡有火光，就往哪裡射箭。

齊軍隨後**乘勝追擊**，消滅了魏國的精銳主力。

魏國因這一仗**元氣大傷，喪失了霸權**。

同時，齊國的勢力達到了鼎盛。

第三章

做人不要太飄，
國家也是如此

——齊國滅亡

失去了下半身的**二分之一的**天才**孫臏**，

幫助齊國把戰國首霸**魏國**拉下馬，推動齊國勢力嗖嗖往上漲。

齊國的肌肉變發達了，齊王就開始**飄了，**

看到哪裡有便宜可占，就開開心心地跑去揩油。

例如，**燕國**發生內亂，

齊宣王就玩了一把趁火打劫，派兵差點滅掉燕國。

從此以後，齊國和燕國就成了**不共戴天的仇敵，**

燕國對齊國恨得牙癢癢，一直想找機會揍翻齊國。

燕國弱、齊國強，燕國一時半刻奈何不了齊國。

燕國只好玩陰的，派**蘇秦**去齊國當**間諜，**

目的就是搞垮齊國，好讓燕國得利。

齊宣王雖然算不上明君，但至少腦袋瓜不是特別糊塗。

蘇秦有作怪的心，無奈找不到下手的時機。

等齊宣王一死，他的糊塗蛋兒子**齊閔王**即位，

間諜蘇秦就開始發功作怪——

第一步

說服齊閔王厚葬齊宣王，以顯得他很孝順。

其目的當然是讓齊國**浪費錢財，虛耗國力。**

第二步

讓齊閔王飄得更厲害，鼓動齊國四處對外擴張，

惡化齊國和其他諸侯國的關係。

結果，齊閔王真的飄上了天，一度和秦王雙雙稱帝，

秦王稱「西帝」，齊閔王稱「東帝」。

飄得忘乎所以的齊國，為了吞併弱小的**宋國，**

和**趙國、魏國**鬧翻了。

齊國**三次攻打**宋國，剛把宋國吞下，

還沒來得及消化時，就引起了**各諸侯國的警覺。**

然後，燕、秦、趙、魏、韓**五個諸侯國聯合**起來，

決定收拾氣焰囂張的齊閔王。

聯軍中，燕國為了復仇，出動了全國的兵力，

並且讓燕國名將**樂毅**擔任聯軍統帥。

沒想到齊國不禁打，聯軍一鼓作氣打下齊國**七十多座**城市，

連齊國首都**臨淄**都被攻占了，

只剩下**即墨**和**莒**兩座城市苦苦支撐。

楚國看齊國要完蛋，便對齊國趁火打劫，

派大將**淖齒**率楚軍去齊國。

淖齒抓住齊閔王後，威脅他，逼他**割地給楚國**。

齊閔王不同意割地，

淖齒就對齊閔王用了傳說中**最殘酷的刑罰**：

抽了齊閔王的筋，再把筋當成繩子，將他吊在房樑上。

傳說齊閔王哀嚎了兩天兩夜，才絕望斷氣。

齊閔王可能是中國歷史上死得最慘的國君。

淖齒的暴行**激怒了齊國的百姓。**

百姓起來反抗，殺死了淖齒。

可憐齊國這個堂堂東方大國，幾乎淪落到**亡國**的地步。

在這個危急關頭，有一位**齊國的天才**站了出來，

他就是**田單**！

好氣！這時候才讓我出場。我要向小編抗議！

田單是齊國遠房宗室，
本來只是首都**臨淄城**裡一個管理市場的小小「城管」。

在聯軍攻下臨淄前，田單率領族人逃難到即墨。
沒多久，寂寞**即墨大夫**戰死。
無敵又寂寞的田單，被全城百姓**推舉**出來，領導即墨人抗擊燕國。

一個從來沒打過仗的城管，就這樣成為**即墨齊軍的統領**，
面對燕國名將**樂毅**的強大攻勢，竟然不落下風，
足足堅持了**五年之久**。

田單集結士兵**七千人**，

並動員**全城百姓一起抗戰**，加固城防工事，

甚至親自**參與勞動**，還把自己的**妻妾、族人**都編入軍隊。

結果，即墨全城軍民的**戰鬥意志爆表**，

硬是把一座孤城守了下來。

碰巧信任樂毅的燕昭王上了西天，新王**燕惠王**即位。

這傢伙一直和樂毅看不順眼。

田單瞬間靈光乍現，想出**一招妙計**──

田單派人到處**散布謠言**，說樂毅**故意**不打下即墨，

是在拖延用兵時間，**想要自己在齊國稱王**。

沒想到燕惠王**信以為真**，立即讓**騎劫**[註]代替樂毅，還召樂毅回國。

樂毅怕回到燕國後被燕王手撕，**只好往趙國跑路了**。

註：騎劫，戰國時期燕國的一位將領。

除掉了樂毅這樣的重量級對手，田單又立即使出了**第二招——**

田單讓城裡的百姓在吃飯前必須在庭院裡擺好飯菜**祭祀祖先，**

結果引得附近的飛鳥一群群地盤旋在即墨城上空，

還衝下來啄食食物。

燕國大軍不知道內情，被嚇得不得了。

田單趁機散布流言：

有神人下凡來幫助我們齊國！

雖然有時候，我覺得自己才是那個神人。

田單見裝神弄鬼的效果還不錯，又對即墨城裡的百姓宣稱：

會有神人下凡來當我們的老師！

然後，他把一個小兵包裝成神人，

恭恭敬敬地侍奉這位小兵，發布號令都**詐稱**是神人的旨意。

接下來，田單繼續給燕軍挖坑，散布流言說：

我們最怕燕軍割掉俘虜的鼻子了！

燕國人腦抽筋，竟然真的把齊國俘虜的鼻子割掉了。

田單繼續散布流言：

我們最怕燕軍挖掉城外的祖墳啦！

燕國人再度腦抽筋，把齊國人的祖墳給刨了。

田單還故意派老弱病殘守城牆，
甚至派人去燕軍大營**商量投降**的事，
把燕國人麻痺得都沒心思打仗了。

一切準備妥當，
燕國士兵的士氣很低落，齊國軍民的戰意高漲，
個個摩拳擦掌，發誓要消滅燕國人。

反攻復國的時機已經**成熟**。

於是，田單使出了最後的殺手鐧──

田單搞來**一千多頭牛**，給牛角上綁上**尖刀**，

往牛尾巴上捆上**浸了油**的蘆葦。

在一個月黑風高的夜裡，他讓士兵**點燃**了牛尾。

痛不欲生的牛全部暴躁了起來，瘋狂前奔，直衝燕軍大營，

嚇得燕軍士兵抱頭亂竄。

這要是在現代，田單一定會被動物保護組織罵得生活不能自理。

燕軍慘遭火牛蹂躪，統帥**騎劫**也死在亂軍之中。

田單乘勝追擊，很快便**收復**了淪陷的七十多座城市，

成功光復齊國。

其他諸侯國都以為田單會自立為王。

田單把太子迎回臨淄。

太子正式即位，是為**齊襄王**。

> 齊國被按在地上磨擦太久，沒想到還有光復的一天。

齊襄王

不過，田單的功勞太大，大到讓自己成了齊襄王的**眼中釘**。

田單為求自保，主動跑去了**趙國**，還在趙國當起了**相國**。

> 萬萬沒想到，我們都成了趙國人。

蛋　是

齊國雖然復國成功，

但經過這一次大折騰，元氣已經徹底被折騰沒了，

從此以後，**無心爭霸，龜縮在一方。**

後來，當西方的秦國陸續消滅了韓、趙、魏、楚、燕五國，

大軍攻向最後的齊國時，

齊國連像樣的抵抗都沒組織一下，就向秦國投降了。

英雄輩出的齊國⋯⋯
竟然滅亡得這麼窩囊！

最後一位齊王**田建**被秦國軟禁，

秦國還不給他食物，最終被**活活餓死。**

齊國就此正式下線。

第四章

敵人強大不要緊，但老大智障會要命

—— 屈原變法失敗，楚國式微

男孩子的友誼各式各樣，

既有桃園三結義的浪漫，也有為兄弟兩肋插刀的豪情。

而這一回，朕來講講一段苦哈哈的友情。

友情的兩位男主角，其中一位是**楚國「總裁」楚懷王，**

他在位的前半期，治理水準還不錯，

讓楚國「集團」的營收一度到達**巔峰，**

和**秦國、齊國**並列為戰國業績前三強，穩穩地有霸道總裁的風範。

身為戰國精英的楚懷王，生理上卻有一處**大缺陷**——

身上有一種讓人無法忍受的**迷之臭味**。

後世有人懷疑，那就是**狐臭**。

另一位男主角，大家都熟悉，

每年粽子節（大誤）每年端午節我們能吃**粽子**，都得感謝他。

沒錯！！他就是**屈原**。

這些年有流傳很廣的傳言，說**屈原是 gay**（同性戀），
愛上楚懷王後**不能自拔**，最後投**汨羅江**自盡，為楚懷王**殉情**。

這種說法**完全沒有依據！**

我們明明是很純潔的友情好不好！

實際上，屈原對楚懷王的感情，
更像是**資深員工**對**老闆**的那種複雜情感，
希望老闆帶領員工**走向富強、奔向小康**，
把集團業務做到**蒸蒸日上**，完全不像傳言所說的那樣。

這下愛卿們知道了吧，
謠言不可信！

楚懷王當「**總裁**」的時代，雖然集團總體業務情況還不錯，
但也面臨著極大的**危機**——

首先是集團分公司主管，也就是**楚國的貴族們**，勢力太大，
還不大服從集團總公司的領導，削弱了楚國集團的競爭力。

我說的話
都沒有人
要聽是不是？

蒸蒸日下

是！

在楚懷王之前，楚國集團的上上上上任總裁**楚悼王**，

曾經任用**吳起**擔任集團 CEO，

強力推行改革方案，打壓楚國分公司的大小主管，一度很有效果。

楚悼王一死，

楚國分公司的大小主管就**再次發起進攻**，直接消滅了吳起的肉體，

大部分的改革成果就這麼毀於一旦。

楚國集團各分公司主管依舊在集團內**吃香喝辣**，不怎麼做正事。

這種情況一直延續到楚懷王時代。

順道一提，這個吳起也是個傳奇人物。
他的故事，我們將在「魏國篇」裡來講。

更要命的是，西邊的**秦國**集團在任用**商鞅**當 **CEO** 後，改革非常成功，

秦國集團的競爭力**颼颼往上竄**，已經成為楚國集團的重要威脅。

在這種**內憂外患**的時候，楚懷王特別希望找個好搭檔，

一起來擺平這些爛攤子。

而剛剛好，屈原出現在總裁楚懷王的世界裡。

大王，相信我，我就是你命中注定的那個人。

很快地，霸道總裁楚懷王看中了屈原，兩人的關係就進入了——

蜜月期

楚懷王任命屈原當**左徒**，

一種說法認為，這個職位類似於楚國集團的**副首席執行官**。

屈原上任後，

一方面，在楚國集團內發動了**變法改革**，打擊舊貴族的勢力；

另一方面，跟齊國打好關係。

當時東方的**齊、楚、韓、趙、魏、燕六國**，眼見西方的秦國集團強大起來，

嚇得**聯合了**起來，準備一起對付秦國集團，這叫**「合縱」**。

六國聯盟內部勾心鬥角，經常互相捅刀。

屈原意識到，只要東方強大的**楚國和齊國的**關係不出問題，

穩定地保持為戰略同盟，秦國就只有乾瞪眼的份。

所以，屈原很重視和齊國的關係。

如果一直按照屈原的計畫搞下去，
說不定楚國集團的業績會牢牢占據**戰國第一**，
甚至楚國集團吞併其他六大集團，也未可知。

就在這個時候，一段互相信任的友情瞬間崩壞。
楚懷王和屈原的關係進入了——

起因是楚國集團裡有個小人——**上官大夫靳尚**，
看到同事屈原太受老闆的信任，心裡很不爽，
就在老闆楚懷王面前進**讒言**，說屈原的壞話。

（上官大夫）讒之曰：「王使屈平為令，眾莫不知。
每一令出，平伐其功，曰以為『非我莫能為也。』」王怒而疏屈平。

——《史記 · 屈原列傳》

很快地，屈原被楚懷王撤職，改任**三閭大夫**的閒職。

大概也就是在這期間，滿肚子牢騷和委屈的屈原寫下了名作**《離騷》**，

在其中的名句**「惟草木之零落兮，恐美人之遲暮」**，

還有**「眾女嫉余之娥眉兮，謠諑謂餘以善淫」**裡，

把自己比喻成「美人」，

以女性的口吻埋怨楚懷王聽信了別人的讒言，竟然變了心。

對屈原性向的懷疑，大概就是從這裡來的吧。

然鵝，這是比喻……僅此而已。說屈原是同性戀，全是捕風捉影。

身邊沒有了屈原，

總裁楚懷王正式開啟**智障模式**。

秦國為了拆散齊楚同盟，

派**戰國最強嘴炮張儀**來到楚國，

對楚懷王進行了深層的洗腦。

其操作簡直是妖氣沖天。

親，只要和齊國斷交，秦國就會優會大酬賓，贈送六百里地給親喔！

張儀

楚懷王

誤‧心動‧

哇喔，太好了！

楚懷王實在是太傻、太天真，貪圖這種不可靠的小利，

竟然派使者去齊國**把齊王罵了一頓**。

然後，齊楚關係破裂。

等楚懷王去找張儀要地時，張儀就各種**耍賴**，

親，我之前說的是贈送六里地喔，不是六百里喔，本活動最終解釋權歸主辦方秦國所有喔。

嘻嘻~

張儀

一口老血~

楚懷王

氣得楚懷王差點原地爆炸，**兩次出兵**想教訓一下秦國，找回面子，

卻反被秦國按在地上摩擦，連戰略要地**漢中郡**都被秦國吞併。

到這個時候，楚懷王才想起屈原。

嗚嗚嗚~

嗚嗚嗚~

別擔心，還有我呢！

楚懷王看**單打獨鬥**對付秦國已經不可能，
趕緊派屈原去齊國出差，**修復兩大集團的關係**。
楚懷王和屈原的關係正式進入了——

修復齊楚聯盟這件事，沒有我屈美人可辦不成。

這陣勢把秦國嚇得不輕。

秦國趕緊向楚國遞來**橄欖枝**，

說只要楚國和秦國結盟，秦國可以返還**半個**漢中郡。

楚懷王不知道是不是**腋下狐臭入腦**，

一聽到秦國送來的消息，就再次開啟**智障模式**，

對秦國人說：**比起漢中郡的土地，寡人更想要手撕張儀。**

張儀聽說後，主動申請去楚國出差一趟。

張儀難道不怕被楚王手撕嗎？

張儀當然不怕。

他來到楚國後，首先找到當年陷害屈原的小人**靳尚**，

這傢伙和張儀很熟。

張儀透過靳尚，打通了和楚懷王寵姬**鄭袖**的關係，

然後讓鄭袖到楚懷王那裡吹枕邊風。

楚懷王再次狐臭入腦，竟然就這麼把張儀放走了！！

關於張儀這妖操作的細節，朕準備在後面的「秦國篇」裡細講。

等屈原從齊國回來後，發現張儀已經跑了，非常震驚，

趕緊問楚懷王：**張儀欺騙了大王，為啥不殺他，還放了他？**

楚懷王立即醒悟過來，趕緊派人追殺張儀，但沒成功。

不過，從這裡可以看出來，

楚懷王狐臭入腦引發的重度智障還真是只有屈原能治呢。

楚懷王早就**不喜歡屈原**了，起用屈原只是**權宜之計**。

現在楚國已經和秦國講和，

很明顯地，**屈原又該滾一邊去了。**

兩人的關係正式進入——

永久疏遠期

沒了屈原這個狐臭剋星，楚懷王的重度智障頻頻發作，

行事作風**完全背離了「聯齊抗秦」的方針，**

和秦國眉來眼去，氣得齊、韓、魏三大集團爆揍楚國。

更慘的是，**秦國**也趁火打劫。

如此一來，楚國集團的業績慢慢下跌。

儘管如此，楚懷王還是很信任秦國。

後來秦國總裁約楚懷王在**武關**這個地方舉行高峰會議，

屈原知道這一定是陰謀，勸楚懷王千萬不要去。

楚懷王偏不聽，執意要去，一到那裡就被秦國扣住，

最終死在秦國，別提有多慘。

不過，好在楚懷王有骨氣，到死都沒有同意**割讓土地給秦國。**

秦國沒辦法，只好把楚懷王的屍體送了回來。

但秦國這種不講道義的玩法氣得楚國宣布和秦國**斷交。**

與此同時，楚國新王上任，屈原更不受喜歡，

連三閭大夫這種閒職都被免去，被流放到南方。

楚懷亡死的時候，屈原還活得好好的，離投江還有十幾年的時間呢！所以大家知道，為什麼屈原為楚懷王殉情這種說法根本站不住腳了吧？

屈原在南方多年的流放生涯中，聽聞秦國對楚國的攻勢越來越猛，

楚國越來越沒有招架之力，

好好一個強盛的楚國集團，淪落到快破產重組的地步，

他心裡頭的那種苦悶可想而知。

我世世代代都是楚國集團的員工，那種為集團拚命的心情，你們現在這些喜歡跳槽的年輕人根本無法體會。

直到那一年，秦國名將白起攻破楚國集團總部郢都，

楚王和集團裡的大小主管們直接把集團搬離了總部。

楚國集團成了待宰的羔羊。

流放中的屈原得到這個消息後，心情鬱悶，絕望到極點，

終於選擇在五月初五這天，在汨羅江投江自盡。

屈原的死，更像是殉國，而不是所謂的殉情。他確實是一位偉大的愛國者，這一點無庸置疑。

在屈原投了汨羅江後，楚國集團苟延殘喘了幾十年，

後來，被實力最強大的秦國集團**徹底吞併。**

所以，從屈原的這段故事裡可以看出來，屈原一直在單方面地付出。

他敬愛楚懷王，一心為楚懷王好，

但楚懷王不喜歡他。

他熱愛楚國集團，真心誠意地想為楚國集團做點事，

但公司就不理他。

我就是一個職場上的失敗者！

難過~

嗚嗚

不過沒關係，你反倒成為一個成功的大詩人。

第五章

我把你當兄弟，你卻給我戴綠帽

—— 楚國滅亡

楚懷王沒有重用曾經的好搭檔**屈原**，

不僅被扣留在秦國，死在那裡，

而且最後連楚國的首都都沒保住，被秦國占領，

可以說慘到底了。

從此以後，秦國越來越**跩**，根本沒法被阻擋。

最後楚國被秦國吞併，幾乎就是**時間問題**了。

在楚國剩下的不多的日子裡，楚國還是出了個能人，

給楚國**勉強續了一下命**，

這個人就是人稱~~「戰國 F4」~~（大誤）

「戰國四公子」之一的**春申君黃歇**。

這位春申君，在楚國**獨攬 CEO 大權二十多年**，

還包養了**三千門客**（註：性別男），門客數量位列**「戰國 F4」第一**。

最厲害的是，他給好兄弟**楚考烈王**戴了一頂五星級綠帽，

做了王室的隔壁老王，

哦，不，是老黃。

朕就來說說**這段炸裂的王室**綠帽史。

故事的開頭，要從春申君和楚考烈王怎樣發展出了**過命的交情**講起。

起因是這樣的，

強大起來的秦國準備爆揍楚國，楚國被嚇得要**求和**，

趕緊派**嘴炮能力滿分**的**春申君**出使秦國。

春申君果然不辱使命，透過一頓嘴炮，成功把禍水**轉嫁給別國**，

讓秦國轉而去爆打**韓國和魏國**，和楚國締結友好條約。

你別得意！等秦國消滅了我們，馬上就輪到你們楚國了！

反正你們先扛一下吧……

為了拿出友好的誠意，

楚國方面派出春申君和當時還叫**太子完**的楚考烈王去秦國**當人質，**

這一去就被扣留了**十年。**

也就是在這期間，春申君和太子完**患難與共，**關係好得像親兄弟。

是兄弟就來綠，喔，不對，就來砍我！

後來楚王病危，進了 ICU，

春申君想打通關系，讓秦王放太子完回楚國，以繼承老爹的王位。

秦王寧願這張大肉票**爛手裡，**也不想放走他。

這下麻煩就大了。

如果太子完遲遲不能回國，

那老楚王一嚥氣，大臣們一定會立別人當新楚王。

如果真是這樣，太子完大概只能在秦國悲催地度過一生……

好在太子完有好兄弟春申君！

春申君讓太子完**偷偷溜回楚國，**自己則留下來，

豁出性命**掩護太子完撤退，**

直到估計太子完已經走遠，秦國沒法再追，才向秦王說出實情。

秦國一定會手撕了春申君吧？

秦王本來很生氣，想賜春申君**自盡，**

被重臣勸了一下，想想還是**不得罪新楚王**才能獲利最大，

便也放春申君回國了。

等老楚王一死，

回國的太子完**正式繼承王位**，是為**考烈王**。

春申君被賞賜了封地，還當上了**楚國 CEO**，大權獨攬。

春申君當上 CEO 後，接手楚國那個爛攤子，

總體來說，**做得還算不錯。**

在西邊被秦國欺負，他就**去東邊**欺負別的小國。

例如，鼻屎小國**魯國**好不容易存活到現在，

結果被春申君帶領的楚國一口吞併。

這個時候，秦國擴張得越來越狠，東方六國趕緊聯合起來，

由春申君組織領導，搞了個**六國合縱軍**去攻打秦國。

結果——

六國合縱軍在**函谷關**這個地方，被秦國軍隊依靠地利反擊，

然後全部戰敗！！

雖然函谷關**一戰慘敗，**

讓考烈王對春申君的水準**產生懷疑，**開始有點**冷落**他，

但是畢竟是有**過命交情**的兄弟，考烈王也不能對他怎樣啦。

對於春申君來說，他最憂慮的還不是秦國，

而是**考烈王的繼承人問題。**

考烈王從秦國回來以後，雖然後宮裡有不少美女佳人，

考烈王就是生不出兒子。

這就意味著，一旦考烈王掛掉，換考烈王的**親兄弟**即位，

當上考拉王^註

那他春申君不僅榮華富貴保不住，搞不好**命都可能要丟掉。**

註：無尾熊的英語為 Koala，中國稱為考拉。

春申君為考烈王物色了很多豐乳肥臀、適合生孩子的美女，

然後把人送到宮裡，還請了專治不孕不育的老軍醫，

並沒有什麼用。

考烈王這毛病，要是在現代，搞不好一顆藍色小藥丸就可以輕鬆搞定。

沒想到有個叫**李園**的人，

從這當中看到了**升官發財、走向人生巔峰**的機會，

腦筋一轉，悟出了一個綠帽陰謀——

第一步

李園想辦法混成了**春申君的下屬**。

第二步

李園向春申君**請假回家**，回來的時候，**故意遲到**幾天。

身為主管，看到下屬遲到，一定會問，

李園就回答：

齊王派使臣來我家，說要求娶我妹妹，

我跟使臣喝酒喝多了，耽誤了回來的時間。

李園這麼一說，一下就勾起了春申君的興趣，

想想看，連齊王都想娶李園他妹，**那他妹得有多漂亮？**

既然春申君都表示自己感興趣了,李園也只好把妹妹獻給主管囉。

當春申君將**祖傳染色體**塞給李園的妹妹

並孕育出一個小生命的時候,

李園趕緊找到春申君,給他分析考烈王生不出孩子的弊端,

然後慫恿春申君把懷孕的妹妹轉送給考烈王。

春申君想想也對,讓自己的孩子以後即位當楚王,

總比被什麼鬼考拉王幹掉要好得多吧?

所以,他不再猶豫,

把李園的妹妹連同肚子裡的孩子,一同打包送給了考烈王。

兄弟就是用來綠的！

考烈王當然不知情，

看著李園妹妹的肚子一天天地大起來，以為是自己的種，

非常高興。

孩子生下來後，立即**被立為太子**。

李園也因為這個妹妹而飛黃騰達，被考烈王**委以重任**。

李園很擔心**春申君洩露機密**，一直想找機會幹掉他。

等考烈王**病重**，

春申君的一位（還算沒白吃他家飯的）**門客**警告春申君：

楚王一去世，

你輔佐年幼的楚王即位，能夠大權獨攬，

這是你不期而遇的福；

但李園必定搶先入宮奪權，然後殺你滅口，

這是你不期而遇的禍。

門客還告訴春申君：

我就是你不期而遇的人，我可以幫你搶先幹掉李園。

春申君**很傻、很天真**，根本不相信李園會對他動手，

對這個門客的建議**完全不予採納**。

結果等考烈王一上西天，李園便**搶先進入王宮埋伏**。

等春申君進宮的時候，**就暗殺了他**，還將他**滿門抄斬**，

扶持春申君的私生子當楚王，是為**楚幽王**。

連兄弟都敢綠的人，原來是這個下場。

後世當引以為戒……

狠人李園也**沒能善終**。

後來，楚國陷入王位爭奪的混亂，

倒數第二任楚王負芻手下的人為了幫助他奪取王位，

幹掉了李園全家。

不過，如今也有很多人懷疑**「李園獻妹」**的故事不是真事，

而是楚王負芻**為了奪位，否定楚幽王一系即位的合法性**，

從而編造出來的**謠言**。

不管春申君有沒有給考烈王戴綠帽，

朕猜，**看在春申君是好兄弟的份上，考烈王會……**

我當然還是選擇原諒他啦！

後來嘛，楚國國內哪個來當楚王都差不多了。

因為秦國對楚國步步緊逼，最終在春申君被殺十五年後，楚國完蛋了。

第六章

殺妻滅子，這些國寶級別的狠人讓人大開眼界

——魏國由盛轉衰

戰國時代的**魏國**是一個**狠人輩出**的國度，

一大波國寶級別的狠人幫助魏國得到了戰國初期的**百年霸業**。

那麼問題來了，為什麼魏國的狠人最多？

這得從魏國早期的歷史開始講起。

春秋超級大國**晉國**被卿大夫瓜分後，

在晉國的「屍體」上，冒出了**韓、趙、魏**三個國家。

魏國的初代大佬**魏文侯**，任用**李悝**搞起了**變法**，

廢除了魏國貴族世襲特權，

並開始任用一些出身低微卻有才能的人。

那時候，戰國其他諸侯國還沒開始變法，

大量重要官職還壟斷在**世襲貴族手中。**

所以，對於出身一般的人才來說，

如此包容開放的魏國，那就是**燈塔**一般的存在。

也正因為如此，

在魏文侯在位的時代，魏國籠絡了一大批人才。

當然，最重要的，就是接下來朕要一個個細說的——

「魏國三大狠人」

樂羊、西門豹、吳起。

第一位要說的狠人，名字叫**樂羊**。

魏文侯在位時想搞擴張，計畫出兵去打**中山國**。

有人跳出來舉薦樂羊，說樂羊**軍事水準硬梆梆的**，

當統帥滅了中山國是**瞬間的事**。

也有人跳出來對此表示反對，給出的理由絕對有理有據：

樂羊的長子**樂舒**在中山國為將，要是父子**在戰場上**相見，

那畫面想想都不太美。

魏文侯力排眾議，讓樂羊前去攻打中山國。

樂羊一路上進軍順利，很快包圍了中山國的國都，

但是城中士氣高漲，樂羊沒把握把城攻下，便暫且按兵不動。

戰事陷入**僵局**。

魏國朝野的輿論一下就炸了，

紛紛罵樂羊**通敵賣國**或者想**養寇自重**，甚至自己想當**中山王**。

好在魏文侯用人不疑，不僅派人去前線慰問，
還提前建好大房子，等樂羊得勝歸來就送給他。

與此同時，中山國把樂舒當成了**人質**，
威脅樂羊儘快退兵，不然就要**手撕樂舒**。

千萬不要忘了，樂羊是一個**狠人**，

非常狠的那種狠人！

他選擇**不撤兵，果斷犧牲了自己的孩子，**最終攻滅了中山國。

不可思議的是，樂羊在回國向魏文侯報告時**沒有一點傷心和難過，**

反而**因為戰功而自負，**

好像剛剛死了個孩子也沒什麼大不了的。

這種「兒子死了也無所謂」的狠心，讓魏文侯也不禁害怕。

雖然樂羊立下了大功，但他已經失去了魏文侯的信任。

魏文侯讓他回家**養老，**再也不敢重用他。

直到很多年後，樂羊的後代**樂毅**出現在史籍中，

樂氏一族才重新開始發光發熱。

至於樂毅的故事嘛！朕就留到後面的「燕國篇」裡再細講吧。

「魏國三大狠人」之二，

迷信終結者——西門豹。

魏文侯時期的**魏國**，北方重鎮**鄴城**非常難治理，

整個地區**全面奔向貧窮社會**，老百姓紛紛逃亡。

魏文侯為此感到非常煩惱，任命**西門豹**去當鄴城的長官。

西門豹在一番**明察暗訪**之後，

很快弄清楚了導致鄴城衰敗的關鍵問題——河伯娶媳婦。

原來鄴城的百姓頭上有三座大山，這三座大山分別是——

其中「三老」是**主管教化的鄉官，**一般是由當地有點勢力的人擔任。

「廷掾」是**縣令手下的屬員。**

縣令**從外地調過來，**對地方上的事務不熟悉，得**依靠**這幫人處理政務，

所以說他們是當地的**實際統治者**也不為過。

簡單點來說，就是土皇帝。

這幫人和巫婆串通起來，說為了**防止河伯生氣鬧洪災，**

每年都向百姓徵收**數百萬錢**，用於給河伯**娶媳婦。**

那時候的**老百姓迷信**啊，被嚇得乖乖掏錢。

而這些錢的絕大部分——

當然是被我們分了。

這些惡人不僅謀財，還要**害命。**

巫婆每年都會下鄉，挑選**好看的女孩子，**

然後在祭祀當天把她沉到河裡，說是給河伯當媳婦。

後來，誰家有女孩子，便會全家逃亡。

不要畫太好看喔，否則會被殺掉的！！

西門豹明白了事情的來龍去脈，決定要用點狠手段。

到了一年一度的河伯娶媳婦的日子，

等當地的三老、廷掾、巫婆等人悉數到場，

西門豹便帶著他的小弟們闖入了現場。

叱吒風雲，我任意闖
萬眾仰望……

小弟　小弟　小弟

西門豹先是提出要看看河伯的新娘**到底好不好看，**

看完後，西門豹說：

這個女孩子不好看，麻煩巫婆去河伯那裡告訴他，

我們另外找個好看的，過幾天給他送過去。

然後，他讓身邊的小弟抓起**老巫婆，一下就把她扔到了河裡。**

豹視之，顧謂三老、巫祝、父老曰：「是女子不好，煩大巫嫗為入報河伯，得更求好女，後日送之。」即使吏卒共抱大巫嫗投之河中。

——《史記 · 滑稽列傳》

過了一會兒，西門豹假裝心裡焦急，又說：

哎呀！怎麼巫婆還不回來？

不會是和河伯閒聊忘了吧？

要不派一名女弟子下去催催看？

小弟抓起一名巫女，把她扔進了河裡。

又等了一會兒，西門豹對三老說：

我猜女人都說不清楚話，

看來還得麻煩三老去河伯那稟告一下。

然後，小弟抓起一名三老，把他扔進了河裡。

西門豹不慌不忙，**裝作**在河邊繼續等候的樣子，

剩下的人被嚇得**面如死灰**。

又過了一會兒，西門豹想再派一名廷掾或豪紳下去，

嚇得那幫人全部跪下來**磕頭求饒**。

西門豹知道**目的已經達成**，趕緊讓那些人起來：

我猜河伯在留客，那你們就先回去吧，

等他們回來後，我們再商議這件事。

當然，從此以後，**沒人敢再提給河伯娶老婆的事了。**

透過如此**兇狠又機智**的操作，西門豹**破除了鄴城的迷信風俗，**
老百姓再也不用忍受神棍的剝削。

此外，他帶領百姓**興修水利**，開挖了**十二條**溝渠。
這讓鄴城的經濟日漸繁榮，為魏國霸業打下了**牢固的基礎。**

珍愛生命　遠離迷信
重視水利　發展經濟

魏國鄴城政府
魏國鄴城反迷信委員會 宣字號

第三位就是「狼人中的狼人」──吳起。

吳起原本是衛國的**富二代**，家裡非常有錢。
他本想著周遊列國，找個機會當個大官，
誰知道遊到祖產都花完了，從富二代變成**窮一代了**，他**依然沒當上官。**

比你窮，還比你用功，我還是這麼優秀！

隨後吳起來到**魯國**，在孔子的弟子**曾參**門下**學習儒學**，

即使聽到母親**病故**的消息，也硬是狠下心來，

沒回去奔喪。

曾參最**重視孝道**，一看吳起對自己的親媽這麼狠，

便勃然大怒，馬上就把吳起**開除了**。

吳起只好轉而去**學習兵法**。

沒想到吳起的兵法**天賦滿分**，漸漸在魯國**小有名氣**。

這一年，**齊國**派大軍準備**爆揍魯國**。

魯國君主本來想任用吳起當將軍，派他去**抵擋齊軍，**

但考慮到吳起的老婆是**齊國人，**怕吳起會對魯國不忠，

反而跟齊國人勾結，於是猶豫不決。

這消息傳到吳起的耳朵裡，吳起馬上狠心地做出選擇——

幹掉老婆！！

吳起親手殺掉老婆，**讓魯國相信他沒有二心，**終於得到了**將軍**的職位。

之後，吳起帶領大軍，把齊國打了個**落花流水**。

不過打完之後，魯國國君覺得吳起太狠毒了，

不僅沒有重用吳起，還直接把他**解雇了**。

此處不留爺，自有留爺處。

既然魯國不中意狠人，

那麼總會有別的國家樂意接收像他這樣的狠人，比方說**魏國**。

吳起來到魏國，魏國的 boss **魏文侯**直接任命他為**將軍**，

讓他帶軍向西**攻打秦國**。

果然，吳起**用兵生猛**，將秦國狂揍了幾頓，

還將原本屬於秦國的**河西地區**全部硬啃了下來。

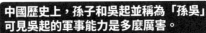

中國歷史上，孫子和吳起並稱為「孫吳」
可見吳起的軍事能力是多麼厲害。

冷靜分析

吳起帶兵打仗時，和士兵**穿一樣的衣服，吃一樣的伙食，**

出行**不坐馬車**，甚至和普通士兵一樣**背著乾糧。**

有一回，有個小兵長了個毒瘡，

吳起竟然不嫌髒，親自替士兵**吸膿瘡。**

士兵們個個感恩戴德，軍中士氣高漲，自然把秦國打得分不清東西南北。

報告吳將軍，我們屁股上也長瘡了！

後來，魏國在從秦國奪過來的土地上，成立了一個**西河郡**。

因為吳起戰績出色，魏文侯任命他當西河郡的**最高長官**。

也正是在西河郡，

吳起創立了戰國前期**最強的精銳部隊——魏武卒**。

這支部隊有多精銳呢？我們來看看魏武卒的考核標準。

按照標準，要想成為一名魏武卒，身上要穿**三層**護甲，

頭上要戴**鐵頭盔**，手拿**長戟**、腰掛**鐵劍**，還要帶上**弓**和**五十支箭**，

行軍打仗時還得背上**三日的糧食**，

在這種負重情況下，**能在半天之內急行軍一百里**。

這身體素質，堪比**現代特種部隊**的軍人。

魏國百姓以為的歲月靜好，不過是因為有人在替他們負重前行。

憑藉著這支**戰鬥力爆表**的部隊，魏國維持了**百年霸業，**

在這個過程中，吳起**功不可沒。**

—————— **此處分隔線** ——————

後來，「狼人中的狼人」吳起從**魏國**出逃，死在了**楚國。**

這是一個指標事件。

從此以後，魏國就從一個**狼人進口國，**變成了一個**人才輸出國。**

魏國向東邊的齊國輸送了**孫臏，**直接毀滅了魏國的霸業；

向西邊的秦國更是輸送了一大波人才——**商鞅、張儀、范雎，**

讓秦國變身**戰國最強，**成為魏國的終極噩夢。

第七章

中國義氣文化創始人，
成也義氣敗也義氣

——魏國滅亡

在香港的黑幫電影裡，

無論是老謀深算的喬事人，還是頭腦簡單的跟班小弟，

都喜歡強調一句話：出來混，當然要講義氣啦！

而要追溯中國江湖幫派裡面的**義氣**文化的源頭，

就不得不提到一個人──戰國時代的信陵君**魏無忌**。

可能打死你都想不到，貴為魏國王族成員的信陵君，竟然是草莽江湖裡義氣文化的源頭之一。

朕在前面提到過，「魏國三大狼人之首」的**吳起**被逼離開了魏國，

從此魏國開啟了人才流失潮，霸業逐漸衰落。

到了信陵君**同父異母的哥哥魏安釐王**在位的時候，

魏國已經**很衰弱了**，

同時西邊的**秦國**已經成長為**超級怪物**，成了東方六國的恐怖夢魘。

多虧了**信陵君**的存在，遲滯了秦國併吞天下的腳步，

不僅給魏國**續了一波命**，也給東方六國**續了一波命**。

信陵君能做到這些，他手下的**一幫小弟功不可沒**。

信陵君為人**寬厚、溫和**，待人**彬彬有禮**，一副黑手黨教父式的紳士派頭，

很多人因此仰慕他，紛紛投奔他門下求包養。

他手下小弟最多時，一度達到**三千人**。

信陵君非常**豪爽、大氣，**

經常忽略自己的王族身分，和**三教九流**的人結交朋友。

魏國首都大樑有個門衛，叫作**侯嬴**，七十多歲了，還**非常窮**。

信陵君想和他結交，於是帶著**貴重的禮物**去拜見侯嬴。

沒想到侯嬴不給信陵君面子，**堅決不收**他的禮物。

被拒絕後，信陵君並沒有惱羞成怒，

反而回到家後，邀請一大堆客人來**開 party**。

等客人坐定後，他專門**駕著馬車去迎接**侯嬴。

身為王族，竟然對一個門衛，這麼客氣？

粉絲

侯嬴一看這麼大陣仗，也不裝模作樣地謙讓一番，

直接就上了馬車，任由信陵君給他當**專車司機**。

走著走著，侯嬴喊了一聲：

~~師傅，能去一趟市場嗎？~~

（大誤）

我有一個朋友是屠夫，能不能把車繞進市場裡？我想見見他。

信陵君二話不說，直接把車開進市場裡。

侯嬴故意跟屠夫朋友**朱亥**嘰哩呱啦地**閒扯了很久，**

同時**暗中觀察**信陵君的反應。

沒想到信陵君始終保持微笑，完全不生氣。

過了好久，信陵君和侯嬴才回到 party 上。

信陵君剛回來就把侯嬴**正式介紹**給大家。

在場的人都感到**很震驚**：為啥信陵君這麼看重一個小小的門衛？

侯嬴一個小小門衛，卻被信陵君當成上賓，

侯嬴的心，從此就被信陵君俘虜，

以後為他上刀山、下火海，那就是理所當然的事了。

這不就是黑幫片裡，黑道老大收服人心的手段嗎？

當然，身為魏國的「黑手黨教父」，信陵君的**手段也特別狠辣**。

安釐王有個寵妃**如姬，**她的老爹被人害死，安釐王都沒法幫她報仇。

於是，她轉去求信陵君。

信陵君**滿口答應如姬，**很快就派小弟幹掉了她的仇人，

還把首級砍下來送給她。

出來混，一定要講信義！說殺你全家，那一定要殺你全家。

憑藉著**豢養的手下**以及**廣泛的人脈圈子，**

信陵君建立了一張龐大的**情報網。**

有一回信陵君和安釐王正在下棋，忽然傳來**邊境警報，**

說趙國軍隊要殺過來了。

安釐王被嚇得放下棋子，想馬上召集群臣開緊急會議。

要是我會嚇得尿褲子。

信陵君不慌不忙地說：趙王是出來打獵的，不是來侵犯我國的。

說完，他叫安釐王**繼續下棋。**

沒過多久，**新的報告傳來，**

說趙王的確是在邊境打獵，不是衝著魏國來的。

安釐王嚇得下巴差點掉下來，問信陵君是怎麼知道的。

信陵君說：我有小弟能掌握趙王的一舉一動，

趙王那邊有什麼消息，我的小弟會及時向我彙報。

你想想，既然信陵君能掌握趙王的私密事，

那探聽安釐王的隱私，還不是易如反掌的事？

這搞得安釐王**很害怕，根本不敢重用信陵君。**

既是魏國的**「黑手黨老大」**，又是組建情報網的**特務頭子，**

擁有如此強大的身分，在戰國末年這個大亂世，

信陵君怎麼可能只是安靜地做一個黑老大！

很快地，輪到他發光發熱了。

秦國和趙國打了一場**長平之戰**，趙國慘敗，
秦國繼續進攻，圍住了趙國都城**邯鄲**。

這場長平之戰的細節，朕就留著後面再細講了。

要是趙國滅亡，接下來就可能**輪到魏國**了，
更何況趙國的平原君還是信陵君的**姐夫**，曾多次寫信向魏國求救。
於公於私，魏國都應該救趙國。
安釐王馬上起用**晉鄙**為大將，率領**十萬大軍奔赴**趙國。

秦國警告安釐王：誰要是敢來救趙國，
等我收拾完趙國，下一個就弄誰。
嚇得安釐王馬上讓晉鄙**停止進軍**，讓大軍駐紮在**鄴城**，
名義上說要救援趙國，實際上卻**一動不動**。

安釐王真不好！

平原君等不到援軍，只有不斷派人來罵信陵君**不講義氣**。

信陵君沒辦法，見安釐王不敢出兵，

只好湊了**一百輛戰車**，帶著**門客**去抗秦救趙。

然鵝，就他這麼點兵力，去就等於是送死。

冷靜分析

信陵君經過大梁大門，遇到了還在那裡當門衛的**侯嬴**。

侯嬴對信陵君說：公子努力去吧！加油喔！我就不陪你去了！

這話的大意就是——

信陵君很不爽，走了幾哩路，實在想不通，就又回來找侯嬴。

這一回，侯嬴笑著告訴他：我就知道公子會回來！

侯嬴給信陵君想了個妙招：

先去找安釐王寵妃**如姬**，

信陵君對她有恩，讓她把**兵符**從宮裡偷出來，她肯定照辦。

憑藉兵符，**奪走晉鄙的軍權，**這樣就可以率領大軍去救援趙國了。

別忘了侯嬴的那個**屠夫朋友朱亥，**

他常年殺豬砍肉，練就了一雙臂力驚人的麒麟臂。

只要信陵君把朱亥帶上，

要是晉鄙不肯交權，可以讓朱亥立馬弄死他。

按照侯嬴的精妙計畫，信陵君果然奪取了兵權，率領大軍趕赴邯鄲，

擊敗了秦國大軍，解除了趙國亡國的危機。

而侯嬴因為年老，沒辦法跟信陵君一起走，

在送走信陵君之後，**算準**他到達晉鄙軍中的日子，

面向北方，自殺身亡。

畢竟要是不自殺，魏王肯定也要手撕了他。

信陵君成了趙國的大救星，

在歡迎儀式上，趙王甚至**親自為他灑掃街道**。

但信陵君這種作法惹得**安釐王震怒**。

信陵君十年不敢回魏國，一直待在**趙國**。

直到那一年，

恢復了元氣的**秦國**又猛虎出籠，開始**爆揍魏國**。

安釐王招架不住，趕緊派人去趙國找信陵君。

信陵君還是害怕安釐王恨他，並不想回魏國，

還放出話來：誰敢替魏王使者通報，我弄死誰！

好在有兩個機智的 boy 去勸信陵君：

公子之所以在趙國受尊重，還不是因為身後有魏國？

等魏國被滅，你有啥面子立於天地之間？

信陵君恍然大悟，

趕緊帶領一幫小弟，急匆匆地趕回去**救援魏國**。

聽說信陵君回到魏國，**韓、趙、楚、燕**全都派出大軍救援魏國。

然後信陵君統領五國軍隊，

把秦國猛揍了一頓，還**一路追殺**到了**函谷關下**。

經過這一回，信陵君的威名讓秦國人都感覺怕怕的。

秦國為了除掉信陵君，派人**散布謠言**，

說信陵君不滿足於當黑幫老大，各國諸侯都想擁立他為魏王。

安釐王被謠言**嚇得不輕**，更加猜忌信陵君，還**剝奪了他的兵權**。

信陵君心知肚明，乾脆**稱病不上班**，

整天**喝酒取樂**，變成一個啥都不管的酒鬼。

最後，信陵君因飲酒過度，得病而死。

魏國失去了一根**頂樑柱**。

在信陵君去世**十八年**後，魏國被秦國所滅。

第八章

史上最大方君王，
竟然將王座拱手相讓

——燕國禪讓之亂

傳說在**上古時代**，堯把天下禪讓給舜，舜把天下禪讓給禹。

這些古早的禪讓故事聽聽也就罷了，

但如果真有國君**腦抽筋**，仿效先賢玩上一把，結果會怎樣呢？

戰國時代的**燕國**還真的就發生過這樣一場

禪讓鬧劇。

結果並沒有讓國家從此走向繁榮富強，

反而引發了一場**內亂**，差點導致燕國亡國。

主動禪位的**燕王噲**並沒有獲得堯舜一樣的美名，反而淪為**歷史笑柄**。

燕王噲最開始的打算，只是想**把燕國治理好**。

畢竟歷史進入戰國時代，各國之間的戰鬥更加**殘酷、激烈**。

長期活成**小透明**的燕國，再這麼**佛系**下去，可能立馬被吃掉。

其實一開始，燕王噲的故事是個勵志故事。

燕王噲即位以後，懷揣著把燕國做大做強的夢想，

將自己活成了一部「勵志大劇」。

他不聽音樂，不沉溺女色，不建造大 house，不外出打獵，

國君基本的娛樂活動，他全部拒絕！

作為一名爭當**模範生**的國君，他還拿著農具**親自**去地裡辛苦耕作。

努力！奮鬥！

如果照著這個劇本發展下去，

燕國有很大的機率能強大起來，甚至**吊打六國、一統天下**，

燕王噲也絕對是**戰國的「勵志之王」**！

燕王噲身邊有一群善於唬弄的野心家。

這些人把他從「勵志之王」唬弄成了**「喜劇之王」**。

我好端端的一個大燕國，既被詐騙騙瘸了。

燕王噲在位時，寵信一位叫**子之**的老臣，

不僅任命他當**燕國 CEO**，國內重大事務也都交由他全權處理，

寵溺度簡直高達**百分之九十九**。

子之不滿足於當 CEO，還想拿下**燕國董事長**的位置，

便和**蘇代**、**鹿毛**壽等一波戰略詐騙家聯合起來，

詐騙燕王噲「禪位」給子之。

首先是子之的好友**蘇代上場，**

他代表齊國出使燕國，在外交場合跟燕王噲嚼舌根。

燕王噲問蘇代：齊王這個人怎麼樣？

蘇代說：齊王必定稱不了霸！

燕王噲一聽這話，一定會好奇，就追問蘇代原因。

蘇代回答說：因為齊王對臣子不信任。

這一頓**猛如虎**的唬弄之後，

一心想把燕國做大做強的燕王噲生怕自己對子之還不夠寵信，

影響燕國的霸業，立馬把寵溺度提升到**百分之百。**

子之非常高興，大手一揮，給蘇代送了一百金的鉅款。

哇喔！

接下來，另一位戰略詐騙家**鹿毛壽**登場。

他直接對燕王噲建議：

大王不如禪位給子之吧？子之肯定不敢接受。

這樣大王既不會丟掉王位，同時又贏得了好名聲，

簡直 perfect ！

**等一下！人家有什麼不敢接受的？
王座上有針刺屁股嗎？**

燕王噲也是智商捉雞著急，一聽，竟然覺得**好有道理**，

立馬就要把王位讓給子之。

子之根本就**沒客氣**，一屁股坐上了燕王的寶座，

燕王噲反倒成了他的**臣子**。

我就是想客氣客氣，
你還真不懂客氣啊？

子之成了新燕王。

但是在他的統治下，燕國越治越**亂**，老百姓越來越不滿。

終於在三年之後，燕王噲的兒子**太子平**抓住機會，

和將軍**市被**聯合起來，率軍包圍王宮，想奪回本屬於他的王位。

結果王宮死活打不下來，市被和一波百姓還**掉過頭來反攻太子平**。

燕國這一場大內亂，死傷人數上萬，

將軍市被**仆街**，太子平被子之**幹掉**。

最要命的是，南邊的**齊國**玩起了**趁火打劫**，派兵攻占燕國。

出逃的子之被齊軍抓住，然後被剁成了**老乾爹牌肉醬**。

被唬弄成智障的燕王噲，

也在這場燕國大內亂中仆街，**結束了他可笑又可憐的一生。**

齊國人占領燕國後，就沒打算撤離燕國，

在燕國境內做出了不少**暴行**，激起了**燕國百姓的反抗。**

受傷最深的，總是無辜的百姓。

另一方面，**魏、秦、趙、韓**等國擔心齊國吞併燕國之後實力壯大，

成為各國的威脅，便紛紛**出兵干預。**

齊國扛不住各國的壓力，只好把吃到嘴裡的**肥肉又吐了出來，**

乖乖撤走了占領燕國的軍隊。

燕國復國後，王位一直空著也沒道理，

於是，**趙國**方面扶持**公子職**即位，是為**燕昭王。**

這個時候，燕國**經濟凋敝**，國內**一片殘破，**

百姓還沒從水深火熱中緩過來。

燕昭王接手的就是這麼個**爛攤子。**

那時的燕國，滿目瘡痍。

蛋 → 是

燕昭王同樣懷揣著**雄心大志**，心心念念地想讓燕國強大起來，於是去找曾經把燕國虐得不成樣子的仇敵齊國**報仇雪恨**。

然而那時候齊國和秦國並列為 **「戰國雙雄」**，國力非常強大，一個可憐兮兮的**超級弱國**，想打敗**盛氣凌人**的超級大國，

有可能嗎？

這就相當於雞蛋碰石頭對吧？

沒錯。

要想完成這個**傳奇級難度的任務**，

燕昭王明白，單憑他一個人蠻幹**是沒有用的**。

他需要**人才，很多很多的**人才。

那麼問題來了，怎樣才能得到很多很多的人才呢？

有人提醒燕昭王，讓他去問老臣**郭隗**。

燕昭王便親自登門拜訪郭隗。

郭隗不慌不忙，先給燕昭王講了個故事：

從前有一個國君，特別喜歡千里馬，

但找了三年都沒找到，然後——

臣子告訴國君：「大王啊，我知道有個地方有千里馬，大王給我千金，我保證幫你買馬。」

臣子趕到那裡，發現千里馬已經死了，就用五百金把馬骨買了回來，把馬骨獻給國君。

國君大怒，臣子說：「別人聽說大王肯花錢買死馬，還擔心沒人把活的千里馬送上門來嗎？」

果然，沒過多久，外面就來了一大票人，爭著給國君獻千里馬……

這就是「千金買馬骨」的典故。

　　講完這個故事，郭隗繼續說：

大王想要很多很多人才，那麼不妨把老臣當成馬骨。

這是拐個彎，要老闆給自己升職加薪吧？

　　燕昭王一聽，馬上 get 要點，尊郭隗為老師，
還修建了一座超級豪華的大房子讓郭隗住下。
這座大房子，就是歷史上有名的「黃金台」。

也叫「招賢台」。

各國賢才一看，燕國給出的**待遇這麼好**，便紛紛前來投奔燕昭王。

下一位。

燕國招聘現場

其中就包括**樂毅、蘇秦**這一大批人才。

也正是在這批人才的努力下，一個剛剛經歷戰亂的弱國燕國，
真的打敗了超級大國齊國，甚至差點把齊國從地圖上**永久抹掉**。

第九章

勵志拚命三郎 vs
史上最強「死間」

── 縱橫家蘇秦

燕　秦　趙　魏　韓

蘇秦，在中國古代的史料記載中是一個**奇人**。

因為根據不同的史料，他活出了**兩段迥異的人生**，

有兩種不同的死法，而且死在不同的時代。

接下來請收看──

第一條命的故事

蘇秦第一條命的故事，主要依據是《史記‧蘇秦列傳》和《戰國策》。

在司馬遷的記載裡，這就是個小人物**逆襲的勵志故事**。

朕說歷史‧戰國篇

縱橫家蘇秦

蘇秦是**周都洛陽人**，

和大名鼎鼎的**張儀**是師兄弟，都曾跟隨**鬼谷子**學習嘴炮術。

雖然有了一身**嘴炮**本領，但是蘇秦外出遊歷多年，

也沒撈著個一官半職，只好窮困潦倒地回到家裡，

結果遭到全家人**無情地恥笑**：

不安心做生意賺錢，非要去**耍嘴皮子**，

混成這個鬼樣子，那不是理所當然的嘛！

蘇秦受盡家裡人的**白眼**──

老婆不給他織衣，嫂子不給他做飯，父母不想和他說話。

被全家人嘲笑，這滋味肯定不好受吧？

蘇秦羞愧得差點患上**自閉症**。

他成天把自己關在房間裡，把所有的**藏書**都讀了一遍。

說來也巧，他不知怎麼得到了一本奇書，名叫**《太公陰符》**，

發奮苦讀後，嘴炮技能慢慢往上漲。

據說他晚上熬夜讀書，讀到睏了，就用**錐子**刺自己的大腿，
刺得血流到足底，痛清醒點後**繼續啃書**。

這就是「懸梁刺骨」這個成語中
「刺骨」這個典故的由來。

把書啃透後，蘇秦再次出馬，
遊說列國，研究出**「合縱之術」**，
鼓動**趙、齊、魏、韓、燕、楚**這六國聯合起來，
對抗西方逐漸強大的秦國。

憑藉升級後的嘴炮術，蘇秦果然促成了**六國結盟，**
並擔任六國聯盟的盟主，
還身佩六國相印，當了**六個國家的 CEO**。

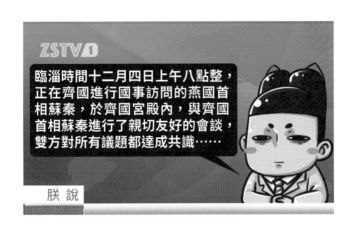

ZSTV①

臨淄時間十二月四日上午八點整，正在齊國進行國事訪問的燕國首相蘇秦，於齊國宮殿內，與齊國首相蘇秦進行了親切友好的會談，雙方對所有議題都達成共識⋯⋯

朕　說

功成名就後，蘇秦回到洛陽家裡，

回鄉的車馬隊伍浩浩蕩蕩，氣派堪比**帝王**。

蘇秦的家人匍匐在地上迎接他，根本不敢仰視他。

他憑一人之力真正實現了——

今天的你對我愛理不理，明天的我讓你高攀不起。

非常勵志！

蘇秦一手建立起來的六國同盟，讓秦國非常害怕，

秦國十多年不敢欺負其他六國。

然鵝

跟蘇秦相愛相殺的師兄**張儀**去了秦國發展，

後來使出**「連橫」**的計謀，拆散了六國聯盟，這是後話。

> 關於張儀的詳細故事，朕就
> 留到「秦國篇」再細說了。

蘇秦地位高了，膽子也就大了。

他在燕國的時候，竟然和**燕易王的媽媽私通**，做了燕王的**便宜老爸**。

沒想到，燕易王知道以後，反而對蘇秦**更好了**。

> 他把我媽照顧得這麼好，看來
> 一定要給他升職加薪！

但是燕易王這麼個搞法，反而讓蘇秦害怕了。

他主動向燕王請纓，要深入燕國的仇敵**齊國內部，**

幫助燕國**暗中削弱**齊國的實力。

燕王同意後，蘇秦就假裝得罪了燕王，直接跳到了齊國的碗裡。

沒想到，蘇秦在齊國很受重用。

有個齊國大臣很**嫉妒**他，就派出殺手，**想幹掉蘇秦。**

蘇秦重傷逃走，臨死前向齊王獻了個**計策，**

讓齊王宣布他蘇秦是燕國的間諜，

並把奄奄一息的他搞到市集上去**五馬分屍。**

如此一來，

刺殺他的兇手就會以為自己是**大功臣，會主動**跑出來邀功。

齊王按照蘇秦的計策執行，果然逮住了兇手，

後將兇手幹掉，為蘇秦報了仇。。

· End ·

以上就是長期以來我們根據《史記·蘇秦列傳》
所知道的蘇秦的人生故事。

在一九七〇年代，

馬王堆漢墓出土了《戰國縱橫家書》，讓一切都發生了改變。

根據這部書的記載，

蘇秦和張儀、燕易王**壓根不是同一時代的人！**

在張儀**死後很多年**，蘇秦**才開始踏入政壇。**

蘇秦人生中最厲害的事蹟，也不是身佩六國相印。

他並沒有首先提出「合縱」，策動六國對抗秦國。

首先提出合縱對抗秦國的，是一個叫**公孫衍**的人。

蘇秦也並不是死於**燕易王**的兒子**燕王噲**在位的時期，

而是死在燕王噲的兒子**燕昭王**在位的時期。

所以，蘇秦和燕易王的媽媽私通的事，很有可能不是真的囉？

Bingo！

在這第二段人生裡，

蘇秦最重要的身份就是——**史上最強「死間」**。

所謂「死間」，就是一種非**常特殊**的間諜。

這種間諜**一開始就明白，**自己為了完成任務**必須死，**

哪怕豁出性命，也要騙取信任，搞亂敵國。

第二條命的故事

朕在前面講過，燕王噲**腦抽筋，**把王位讓給大臣，引發了**燕國內亂，**

齊國趁火打劫，差點滅掉燕國。

燕昭王上台後，一直想多引進點人才，累積實力，好找齊國報仇。

在這個**次元**的世界裡，燕昭王**求賢若渴。**

蘇秦來到燕國求發展，和燕昭王一同研究消滅齊國的方法。

考慮到齊國是和秦國並列的超級大國，塊頭太大，燕國這個小弱國打不過，所以常規的方法行不通。

那麼只剩下一個辦法，就是**幫助齊國找死**。

這個**光榮而艱鉅**的任務，就落在了蘇秦的頭上。

蘇秦以**燕國使者的**身分來到齊國，打著幫助齊國的旗號，幹的卻是**搞垮齊國的工作**。

沒想到，齊國的**齊閔王**非常信任蘇秦，

導致齊國的外交政策基本上就由蘇秦來主導，

蘇秦說啥齊閔王就相信啥，樂呵呵地照著做，還以為齊國得了大便宜。

後來的故事，大家也都知道了，齊閔王在蘇秦的慫恿下去攻打宋國，

結果被其他各國**封鎖、刪好友，還被痛揍了一頓。**

齊閔王終於發覺**蘇秦是潛伏在齊國的間諜**，立馬把蘇秦**五馬分屍了。**

齊閔王的下場也不太好，**死得挺慘的。**

可以說，蘇秦這位超級間諜算是和齊閔王同歸於盡了。

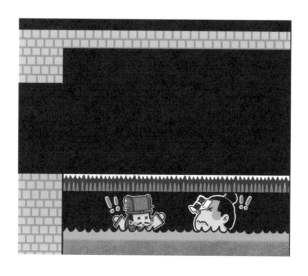

幸虧齊國有個叫**田單**的城管幫助齊國**成功復國**，

否則齊國就被蘇秦玩死了。

此處分隔線

總體來說，史料裡這個叫蘇秦的男人，活出了兩段不同的人生——

在《**史記・蘇秦列傳**》記載的次元裡，

他是**身兼六國 CEO** 的嘴炮達人、外交奇才，也是**小人物逆襲的典範**。

而在《戰國縱橫家書》記載的次元裡，他是忠心為燕國的**超級間諜**，

打入齊國內部後，不惜以**犧牲自己的生命為代價，差點搞垮齊國**。

如今很多學者傾向於相信**後者**才是歷史的真相。

那麼，諸位愛卿，你們相信哪一個版本的故事呢？

第十章

燕國和齊國的生死較量

——燕國滅齊大業泡湯

古代哪些名將最厲害？對於這個問題，見仁見智。

在唐朝的時候，朝廷給出了一個**官方認可**的古代名將名單。

在**唐肅宗時期，**一共有十位超級名將**配享主祭姜太公**的武廟。

稱為「武廟十哲」。

這當中，活躍於戰國時代的名將就瓜分了**三個名額，**

分別是——

在這裡要說明的是，

讓吳起展現軍事才華的**魏國是戰國初年 NO.1** 的超級大國，

讓白起發光發熱的秦國，實力更是逆天，是戰國後期所有國家的夢魘。

這一回朕要講的**樂毅，**

他打工的國家**燕國，**是戰國七雄裡的**小弱雞**[註]。

註：弱雞，網路用語，本意是很柔弱的小雞，這裡指體質或某些方面不擅長的人。

他帶著這麼一個弱雞國，

竟然打得當時東方第一大國的齊國差點亡國！

樂毅的先祖原本是**魏國人**，

就是朕之前講過的那位**連兒子的肉都吃**的狠人**樂羊**。

樂羊幫助魏國滅掉了**中山國**，

魏國便賞了他一塊封地，封地就在原中山國境內。

沒想到，中山國作為**戰國最不容易打死的小強**，

後來竟然復國成功。

復國後，中山國沒得意太久，又被隔壁的**趙國**滅了。

就這樣，樂氏一族成了**明明白白的趙國人**。

樂毅體內擁有樂家軍事天分的 **DNA**，

從小就展現出超群的智力（俗稱開掛），活成了**「別人家的孩子」**，

長大後順理成章地在趙國被推薦為官。

後來趙國發生內亂，被搞得一塌糊塗。

再加上燕國的**燕昭王**繼承王位後，想找當年爆揍燕國的齊國報仇雪恨，

正在大力**收集人才，**給出的待遇非常豐厚。

於是，樂毅就輾轉跳槽到了燕國，想幫助燕國完成**找齊國報仇**的大目標。

齊國是當時和秦國並列的超級大國，

燕國是之前被齊國按在地上摩擦的**小弱國。**

怎樣才能完成目標呢？

燕昭王做了幾手準備，

一方面**累積燕國的國力，**一方面派**超級間諜蘇秦**打入齊國內部，

讓齊國越來越靠近找死的路上，**掀翻**齊國和各國的友誼小船。

終於，找死的齊閔王獨吞了宋國這塊肥肉，**惹怒了中原列國。**

一個絕好的機會擺在了燕國的面前。

透過樂毅的一番運作，**燕、趙、韓、魏、秦**結成了五國同盟。

樂毅任**五國聯軍統帥**，聯軍一起攻打齊國。

等聯軍都**打進齊國了**，齊閔王才**慌慌張張地組織**軍隊抵抗。

朕真想吐槽：齊國的情報能力實在是太差勁了！

雙方軍隊在**濟水以西**列陣對峙，

一方的統帥是我們的主角樂毅，另一方的統帥**你連名字都不用記住。**

那麼請問：哪一方將會取得勝利呢？

一定是那位名字都不用我記住的齊國統帥！

送分題都能答錯，這也是沒轍了！

就在這關鍵時刻，齊閔王還搞出一個**自亂陣腳**的智障操作。

為了讓齊軍將士死戰到底，齊閔王竟然威脅他們：

不好好給我打，信不信我幹掉你們，還挖掉你們的祖墳！

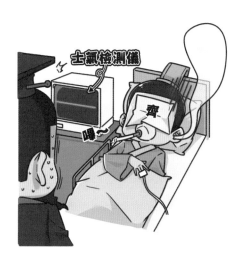

士氣檢測儀

齊

嗶～

士氣都沒了，這場濟西之戰的勝負也毫無懸念了，

齊軍一觸即潰，連齊軍統帥都在亂軍之中失蹤。

這場大戰過後，樂毅覺得不再需要幫手，

就遣返了秦、趙、魏、韓四國軍隊，

只帶著向來被瞧不起的燕軍和齊軍戰鬥。

畢竟其他四國都是工具國，用完就扔是常規操作！

後來，樂毅攻下了齊國首都**臨淄，逼得齊閔王跑路；**

在**六個月之內**打下齊國七十多座城池。

之所以速度這麼快，根源在於樂毅很懂得收服人心。

送你一顆小心心！

樂毅攻占齊國首都後，**約束燕軍軍紀，**

不准他們搶齊國百姓的**零食、玩具，**

還**廢除**齊國之前的**暴虐法令，降低齊國賦稅。**

結果，不少齊國百姓對燕國人不僅不反感，反而還挺歡迎的。

另一邊，本是援軍的楚國反過頭來殺了齊閔王。

一場大亂之後，齊閔王的兒子**齊襄王**即位才勉強控制了局勢。

好在有一名叫**田單**的城管成了即墨城的老大，在他一系列的操作下，

齊軍**收復**了淪陷的七十多座城市，硬生生把瀕死的齊國**給搶救回來了**，

還騙得燕惠王**換帥**，解除了樂毅的兵權。

燕國人的這場敗仗，

讓**燕昭王、蘇秦、樂毅**苦心經營多年的功業全部泡湯。

燕昭王和**蘇秦**如果地下有知，不知道會不會氣得從棺材裡坐起來。

當然最哭笑不得的人，可能還是樂毅。

齊國復國之後，**燕惠王**後悔當初的所作所為，

竟然怨恨樂毅，還寫信給逃到趙國的樂毅，把他責備了一頓。

樂毅不甘示弱，洋洋灑灑地寫了一篇《**報燕惠王書**》，罵了回去。

燕惠王被罵得**心服口服**，當即把樂毅的兒子封為**昌國君**，

讓樂毅的兒子繼承了樂毅當年所得的頭銜。

畢竟滅齊大業就這麼泡湯了，樂毅這輩子真是**白忙了**。

想想要是沒有燕惠王這個**豬隊友**，

一旦滅齊成功，樂毅在中國軍事史上的地位肯定還要高不少。

樂毅後來死在了趙國。

燕國失去了滅齊擴張的機會，慢慢開始走**下坡路**，

等待它的只有一個下場——**滅亡**。

第十一章

貪戀美色，一代雄主竟然被活活餓成一具乾屍

——趙國沙丘之亂

每一個男孩子都有一個夢中女孩，

想著若是能娶回家，那人生該多麼美好。

然而在戰國的歷史中，有一位厲害的國君，

卻因為娶到了自己的**「夢中情人」**而導致他落了個悲慘下場。

這位國君就是趙國的**趙武靈王**。

現在，就讓朕來講一講趙武靈王的故事。

事情是這樣的——

話說有一天，趙武靈王**夢見一位少女**一邊彈琴一邊唱歌。

這位少女不僅歌喉棒，人也長得非常漂亮。

趙武靈王醒來之後，一直對這個「夢中少女」**念念不忘**。

紅磚：
快速入眠輔助設備。

請勿模仿

我今天多次嘗試靠這個快速入眠，就是想再次夢見她。

在一次 **party** 上，趙武靈王把這個夢分享給了群臣，

還詳細形容了夢中少女的相貌。

一位叫**吳廣**的大臣聽到後，驚訝得快跳了起來。

吳廣趁機把女兒**孟姚**獻給了趙武靈王。

趙武靈王一看，哎喲，孟姚確實長得和夢裡一模一樣！

他高興壞了，就立孟姚為**王后**，對她非常寵愛。

君王寵愛一個長得漂亮的女人，然後發生**連鎖反應**，引發一場**國家災難**，

這故事看起來一點也不新鮮。

其實趙武靈王是戰國最有雄才大略的君主之一。

他剛即位時，戰國舞台上的雙雄分別是東邊的**齊國**和西邊的**秦國**。

其餘各國，要嘛被秦國揍，要嘛被齊國揍。

趙國很不幸，就是那種被**兩邊揍的國家**。

趙武靈王**決心改變**趙國落後挨打的被動局面。

為此，他進行了一場改革。

他推行**「胡服騎射」**，讓軍隊穿**遊牧民族的服飾，**

著重訓練馬上射箭的**騎兵戰術，**讓趙國建立起強大的騎兵部隊，

後來反倒把善於騎射的遊牧民打了個落花流水。

得益於趙武靈王的改革，

趙國從戰國二流配角正式晉升為**戰國核心玩家。**

趙武靈王心裡甚至還謀劃了一個大膽的**計畫**——

從現在的內蒙古那邊**繞道突襲**秦國，

秦國要是被打了個措手不及，說不定趙國還可能滅了秦國。

那就真改變歷史了。

為了摸清秦國的底細，趙武靈王**偽裝**成趙國使者，

親自去秦國**當間諜**，搜集秦國方面的情報。

秦國方面覺得這個冒牌趙國使者長得器宇不凡，
見完面後越想越覺得不對勁，趕緊派人去追。

趙武靈王早就跑遠了。

於是詐自為使者入秦。秦昭王不知，已而怪其狀甚偉，非人臣之度，

使人逐之，而主父馳已脫關矣。

——《史記‧趙世家》

在趙武靈王的英明領導下，
趙國還**吞併了中山國**，萌生了與秦國一決高下的雄心。

蛋是

趙武靈王的一切夢想都因為他那個夢中情人而終結……

紅顏禍水啊。

與其說是因為紅顏禍水，不如說是因為趙武靈王的操作太愚蠢。

夢中情人孟姚給趙武靈王生了個孩子，取名**趙何**。

趙武靈王**愛烏及烏**，也非常寵愛趙何，

不惜廢掉了另一個兒子**趙章**的太子位，改立趙何為太子。

後來趙武靈王決定提早退休，把王位讓給才**十歲**的趙何，

趙武靈王自己當上了**「主父」**。

王座明明是我的！

趙章

趙何

廢長立幼已經夠**愚蠢**了，

沒想到，在廢長立幼之後，趙武靈王又感覺**愧對**大兒子趙章，

考慮把趙國一分為二，分給趙章、趙何兄弟兩人。

好好的一個強國，要是被分成兩個小國，

恐怕也只能等著被吞掉了。

然而趙章的野心不止於此，他想找機會除掉趙何，奪取整個趙國。

機會就像肚子上的贅肉，等一等總會有的。

果不其然，一個絕好的機會擺在了趙章的面前。

這一回，趙武靈王和趙何一同去**沙丘**這個地方遊覽考察。

趙章就趁機帶著軍隊攻打**趙何的行宮**，想弄死趙何。

可惜趙章還沒來得及幹掉趙何，

忠於趙何的援軍就趕到了，殺得趙章落荒而逃，

趕緊躲到老父親趙武靈王的行宮裡，

一邊哭得稀哩嘩啦，一邊求趙武靈王**救命**。

趙章畢竟是親生的孩子，趙武靈王不忍心讓他死掉，

就把他**藏起來**，還說保證他不會有事。

援軍圍住了趙武靈王的寢宮，**強行**闖進宮裡搜查，

果然從密室裡抓到了趙章。

> 爸比，救我！你說過我不會有事的，你不能說話不算話喔！

再然後——

> 喀嚓

趙章被援軍當場殺死，連招呼都不和趙武靈王打一聲。

畢竟這事一通知趙武靈王，趙武靈王一定**護短**。

援軍將領想了一想，乾脆先殺了吧。

> 死得真悲催。

殺完人之後，這批人再估量，

想著他們殺了趙章，趙武靈王肯定要找他們秋後算帳，

乾脆來個一不做二不休——**把趙武靈王也弄死算了。**

他們**假傳**趙何的命令，

要求行宮內的人全部**撤離**，否則視為趙章同黨，

嚇得宮裡的人都跑了。

等還在為兒子的死而悲傷的趙武靈王反應不過來時，

宮門已經被封鎖，根本衝不出去了。

而這宮門一封，就封了整整三個月。

宮裡缺糧缺水，趙武靈王餓得甚至去掏鳥窩，抓雛鳥來充飢，

但最終還是餓死在宮裡。

主父欲出不得，又不得食，探爵鷇而食之，三月餘而餓死沙丘宮。

——《史記·趙世家》

三個月之後，宮門被打開了……

一代雄主趙武靈王已經變成了一具乾屍。

趙武靈王的雄心壯志，他的繞道突襲秦國的計畫，全都變成**泡影**。

而這一切的起因，竟然是那場不合時宜的春夢。

美夢變噩夢，有時候就是這麼容易……

179

第十二章

前一秒鄙視，後一秒
脫衣，這是要演哪齣？

——廉頗和藺相如

沒了趙武靈王鎮場子，

西邊的大魔王**秦國**越來越不把趙國放在眼裡，動不動就**搞事**。

有一次，

趙惠文王剛剛得到稀世珍寶**和氏璧**，秦昭王馬上就派人來找麻煩。

要是同意交換吧，

秦王拿到和氏璧後，肯定不會給趙國城池，**他擺明就是要要賴**。

要是不同意交換吧，

秦國大軍立馬殺過來，那趙國也**吃不消**啊！

趙國方面趕緊開會,但是連**派誰擔任使者**去給秦國回話都沒法確定。

畢竟去秦國當使者,怎麼看都像是去送死。

冷靜分析

這個時候,一位**趙國太監**舉薦了自己的門客——**藺相如**。

他說這傢伙**有勇有謀**,膽子、腦子兩開花,

很適合去秦國送死~(啊呸,口誤)很適合去秦國當使者。

趙惠文王親切地接見了這位開花藺老師，

一番交談下來，藺老師甚至**主動請纓**去秦國。

那麼剛剛好——

藺相如拿著和氏璧來到秦國。

秦昭王拿到和氏璧以後**非常高興**，讓妻妾、臣下**逐一傳看**和氏璧，

卻壓根不提拿城池交換的事，擺明地想要耍賴。

城池？什麼城池？寡人什麼時候說過城池的事？

　　藺老師反耍賴可是專業的。他腦筋一轉，趕緊說：

哎呀大王，這個玉璧其實有個小瑕疵，我來指給大王看。

說完，他湊上前去拿和氏璧，拿到後就後退到大殿柱子旁，

然後把秦昭王**大罵了一頓**，罵秦昭王**沒誠意**，

還作勢要讓和氏璧和自己的頭一同撞柱子，來個**頭璧兩開花**。

藺老師真有種！

然鵝

秦昭王不忍心看和氏璧被摔碎，趕緊向藺相如 **say sorry**，
還讓主管官員**拿來地圖，**在地圖上指明了要交換的十五座城池。

藺相如估計秦昭王**還是在耍花樣，**就順著他玩下去。
說趙王送和氏璧出來的時候，可是**齋戒了五天，**
你秦王要想得到和氏璧，也得有點儀式感，得齋戒五天吧？

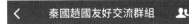

《沒有儀式感的男人，不值得託付》
千萬別做這種男人

@秦王

你的秦王
好得好的。

你的秦王
😊

等秦昭王齋戒了五天，再用**最隆重的典禮**把藺相如請來的時候，

藺老師卻告訴秦王，說和氏璧**已經被送回趙國**。

這場操作實在是太優秀了。

結果，在被藺相如一番駁斥後，

秦王不僅沒有把藺相如永久封號，**還把藺相如客客氣氣地送回了趙國。**

這就是《完璧歸趙》的故事。

不僅**保住了和氏璧**，還**沒丟臉、沒丟命**，
藺相如一下子成了**趙國的大功臣，加官進爵**也是當然的啦。

但就這麼一件小事，怎麼可能打消秦王找麻煩的心呢？

你太小看寡人的搞事水準了吧？

這一年，秦國和趙國舉行談判，約定在**澠池**舉行**高峰會議**。
趙惠文王顯然沒膽量，比不上他爹趙武靈王，竟然被**嚇得不敢去**。
好在有**藺相如**和**廉頗**一文一武兩位大佬給他加油打氣，
他才鼓起勇氣赴會。

藺相如陪同趙惠文王赴會，

大將廉頗則護送趙惠文王到**國境線上**，還和他**訣別**：

要是大王三十天後還沒回來，

請大王同意我們立太子為王，斷絕秦國吞併的妄想。

在澠池大會上，秦昭王**酒興正濃**，突然對趙王說：

聽說趙王是音樂發燒友，請趙王彈瑟一曲吧。

趙王也沒膽拒絕，真彈了一曲。

秦國史官見狀，立馬記下來——

某年某月某日，秦王和趙王一起喝酒，令趙王彈瑟。

藺相如一看，趙王**被秦王吃了豆腐**，這還了得？

他趕緊拿起一個**缶**，請秦王演奏：

聽說秦王擅長秦國土樂，請讓我給秦王獻上缶，讓大家相互娛樂一下。

憑什麼？

秦王當然不願意啦。

既然軟的不行，藺相如就來硬的，

當場**威脅**秦王，說要抹脖子，讓頸血**噴濺**到秦王身上。

秦王身邊的侍衛想要弄死他，

但我們膽子、腦子兩開花的藺老師毫不畏懼，

怒目圓睜，大喊一聲，竟然嚇得侍衛都縮了。

秦昭王沒辦法，只好**勉強地**擊了一下缶。

藺相如趕緊讓趙國史官拿起小本本記下來——

某年某月某日，
秦王為趙王擊罐。

秦國人拿藺相如沒辦法，秦國大臣只好跳出來**打嘴炮：**

請你們趙國拿出十五座城池向秦王獻禮。

反正是打嘴炮囉，藺相如又不是不會，**馬上回擊：**

請你們秦國拿出咸陽城向趙王獻禮。

總之這場高峰會議，

趙國因為有了藺相如的存在，**根本沒讓秦國占到什麼便宜。**

經過這場大會，藺相如的功勞再添一筆，被趙國**封為上卿**，

位列有很多軍功的老將廉頗之上。這讓廉頗**很不爽**。

畢竟自己把腦袋別在褲腰帶上，辛辛苦苦地打仗立功，

一下子就**被一個打嘴炮的超前**，這要是誰都沒辦法**心理平衡**吧？

廉頗還放話出來，要是哪天在路上遇到了藺相如，一定要**好好羞辱**他！

這件事傳到藺相如的耳朵裡後，藺相如就經常**稱病不上朝**，

坐車外出時，如果遠遠地看到廉頗，他就讓車伕調轉方向，**趕緊跑開**。

藺老師的手下看不下去了，就去勸藺相如，大概意思是說：

您遇到廉頗就這麼怕，我們也跟著沒面子，實在沒法跟您混了。

藺老師只好解釋說：秦王我都不怕，你覺得我會怕廉將軍嗎？

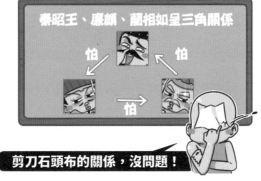

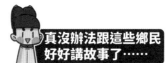

藺相如繼續解釋，

說秦國之所以不敢貿然揍趙國，**正是因為有他和廉頗在，**

他之所以讓著廉頗，是**以趙國的大局為重。**

這話傳到廉頗的耳朵裡後，廉頗**非常羞愧，**

趕緊脫了上衣，背著**帶刺的荊條，**來到藺相如門前**請罪。**

從此以後，威武、霸道的肌肉猛將廉頗，

就和腦膽兩開花的藺相如老師**過上了幸福的生活。**

也正是在他們的守護下，趙國終於打敗了秦國，一統天下。

有句老話說得好，**在絕對的實力輾壓下所有的技巧都是徒勞的。**

藺相如憑藉他的機智，能夠幫助趙國不丟面子，

他終究改變不了趙國的**悲劇宿命。**

第十三章

有一個厲害的老爹，真不一定是好事

——趙國長平之戰大敗

愛卿一定聽過「紙上談兵」的故事，

這個故事的主人公，就是與廉頗齊名的趙國名將趙奢的兒子——趙括。

說起趙括，也是一把辛酸淚，

因為他是戰國歷史上，少有的一個被**名爹**坑害了的倒楣鬼。

趙奢是趙國的超級名將，以**剛猛**而聞名。

意思就是，甭管敵人什麼來路、在哪條道上混的，

他趙奢都敢**正面迎敵**，然後一頓爆揍把敵人給揍**趴下**。

起初趙奢只是趙國**稅務部門**的一個**小職員**。

有一回他奉命去收稅，趙國權貴**平原君家**竟敢抗稅不繳，

趙奢發揮出猛人本色，一口氣殺掉了平原君家裡**九個**傳話的管家。

收租稅而平原君家不肯出租，奢以法治之，殺平原君用事者九人。

——《史記・廉頗藺相如列傳》

平原君氣得差點噴火，想殺掉趙奢來洩憤。

趙奢毫不畏懼，靠著嘴上的功夫一頓回罵，竟然打動了平原君，

還讓平原君覺得他趙奢是**難得的人才**，主動把他推薦給了趙王。

趙奢因此**升職加薪**，開始走向人生巔峰。

有一年，大魔王**秦國**爆揍韓國，韓國慘兮兮地來向趙國求援。

畢竟那年頭能和秦國扳手腕的，也只剩下趙國了。

趙國的老將**廉頗**不敢帶兵去救援。

趙奢不怕，他喊出了歷史上**最振奮人心的一句狠話**：

其道遠險狹，譬之猶兩鼠鬥於穴中，將勇者勝。

這句話簡單來說，就是：
狹路相逢勇者勝！

後來，趙奢一頓**猛如虎**的操作，硬是把秦軍給整趴下了，

打贏了歷史上著名的「**閼與之戰**」，成為**天下名將**。

這其實該叫「狹路相逢猛者勝」吧？

無所謂，反正都差不多。

有個這麼剛猛的知名老爹，

我們的趙括同學能順利混成了全國聞名的 winner 嗎？

前途會更加光明嗎？

那必然啊！多少人就失敗在含爹量不足上面！

人生**含爹量**太高，副作用也超級大，

例如，人家會處處拿你跟**你爹**作比較。

俗話說得好，沒爹的孩子像根草，有個成功老爹的孩子像塊寶。

更要命的是，大家都覺得「虎父無犬子」，你爹行，你肯定也行。

然後非逼得你去做明顯**超出你能力範圍的事，**

你要是搞不定，各種**罵名**就跟著來了。

做人難，做名人更難，做名人的孩子，難上加難！

所以，我們的趙括同學一定從小就生活在**老爹的光環下。**

超越老爹的成就，恐怕就成了趙括這一生**最初和最終的夢想。**

所以趙括**從小就努力學習兵法**，把兵法背得滾瓜爛熟，

甚至和父親趙奢談論排兵布陣時，趙奢也**難不倒**他。

趙括非常得意，總覺得自己——

真是個天才！

終於，趙括可以表現自己的機會來了！！

這一年，秦國**又又又**爆揍了韓國。

嘿嘿嘿～

為什麼受傷的總是我？

因為你離我比較近啊！

韓國被揍得嗷嗷叫，只好**割肉求和**，

而這塊大肥肉就是整個**上黨郡**的**十七座城池**。

上黨郡的官吏和百姓都不願意奉秦國大魔王為 boss，

所以上黨太守**馮亭**這個**機智 boy** 乾脆把上黨郡**獻給趙國**，

想借助趙國的力量來抗秦。

上黨郡這麼個**燙手山芋**，趙國到底是接還是不接呢？

當時在位的**趙孝成王**考慮再三，

最終接受了平原君的意見，同意接管上黨郡。

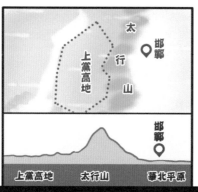

考慮到秦國一旦得到了上黨郡，向東面翻過太行山後，便可居高臨下地威懾趙國的都城邯鄲。趙國決定拿下上黨郡，也是合情合理的。

趙國突然冒出來摘了果子，把**秦昭王**氣得暴跳如雷。

秦昭王派秦國大軍殺向上黨。

趙國派老將廉頗出戰，沒想到廉頗**連續吃癟**。

沒辦法，廉頗只得使出「**第三十七計**」——

廉頗修起了**防禦工事**，**龜縮**在防線內，準備和秦軍玩**消耗戰**。

蛋是

趙孝成王覺得廉頗採用這種打法，

是因為他廉頗太孬，打心裡怕了秦軍，

遂幾次派人去催促廉頗和秦軍正面對戰。但廉頗還是**不敢打**。

在這個關鍵時刻。秦國還玩了一手**反間計**，派人去趙國散布謠言：

秦國真正怕的人，是馬服君趙奢的兒子趙括！

趙奢的戰甲

趙孝成王一聽，覺得**好有道理，完全無法反駁**。

當年廉頗不敢正面迎戰秦軍，還不是多虧了趙奢，

趙國才打贏了閼與之戰嗎？

雖然現在趙奢**掛了**，但是他兒子趙括肯定繼承了趙奢的**剛猛基因**。

讓趙括**代替**廉頗上陣，**一定能重演當年的勝利**。

想太多……

於是，不想永遠活在父親的光環下、想要超越父親的趙括，

隆重登場！！！

然而，長平之戰，趙國慘慘慘慘慘敗！

趙國傾國之軍覆滅，**四十萬**趙軍被**秦國殺神白起**坑殺，

只有**四百二十個**年紀小的趙國士兵被放回趙國報信。

這場長平之戰後，連唯一能和秦國扳手腕的趙國都元氣大傷，精銳覆滅。從此，六國再無力和秦國抗衡，秦國一統天下就只是個時間問題了。

冷靜分析

雖然趙括錯誤地把大部隊帶進了秦國的**包圍圈，**

還錯誤地等到被圍部隊**斷糧四十六天，**

士兵都開始**互相殘殺、吃人肉**的時候才開始突圍，

但說真的，

趙括在突圍中**壯烈犧牲，**表現得也算相當**英勇**了，沒辱沒他老爹的名聲。

趙括的不幸在於，他本來只是**一個平凡的人，**

就是因為有一個厲害的老爸，

別人就覺得他應該和他老爸一樣厲害；

上戰場後遇上的對手，

又是**秦國殺神白起**這樣在歷史上屈指可數的**軍事奇才。**

後世的人看歷史，往往喜歡帶入**勝利者的視角，**

對於失敗者，黑起來毫不留情面。

於是歷史上就有了趙奢向趙括他娘吐槽趙括，

預言「破趙軍者必括也」的記載。

早知老爹的預言這麼準，
我真該投奔秦國。

還有趙孝成王任命趙括為將時，趙括的母親上書阻撓的記載。

她還在上書中**爆料**：

趙括不把趙王賞賜的錢財分給將士，反倒自己攢起來買田產、房產，

兒子不和將士同心，完全不像他爹那麼愛戴普通將士，

這種人怎麼打得了仗？

王所賜金帛，歸藏於家，而日視便利田宅可買者買之。王以為何如其父？

父子異心，願王勿遣。

——《史記・藺相如廉頗列傳》

然鵝，雖然這些記載，未必就一定是事實。

不管怎麼說，趙括輸了就是輸了。

反正已經過去兩千多年了，

「紙上談兵」這口鍋，趙括同學就這麼繼續背著吧！

所以你們現在知道了吧？有一個成功的老爹，真心不見得是件好事。

至於長平之戰後，趙國該怎麼化解面臨的危局？

且聽下回分解。

申明：

本文中趙括的心理陳述，並無明確的史料記載，

是朕基於史料合理推測的一種可能性。

另外關於趙括的評價，歷來有各種說法，

本文只選取的也只是其中一種。

第十四章

特殊體質爆發，他擊退秦軍三十里

——平原君趙勝

在戰國的歷史中，從來就不缺**「不找死不舒服」**的搞笑角色，

例如，前面說過的非要把王位傳給夢中情人的孩子，

從而**引發趙國內亂，導致自己被活活餓死**的趙武靈王。

戰國四大公子（戰國 F4）之一的**平原君趙勝，**

雖然身為趙武靈王的兒子，

但他的**找死水準**比起他老爹來，不知道要高到哪裡去。

但是就因為他擁有一種**專剋找死天分**的特殊體質，

他在戰國這個人命如韭菜的大亂世，

竟然沒有慘死得連他老爹都不認識。

平原君擁有的特殊體質正是——

超易被人睡服的獨特體質

超易被人說服的獨特體質。

朕說歷史・戰國篇

——平原君趙勝

每當平原君在找死之路上策馬狂奔的時候，

只要身邊有人**點**他一下，平原君就能瞬間覺醒，

然後**懸崖勒他個馬**，不至於真讓自己找死。

有一回，平原君的愛妾在家中的高樓上看到一個**跛腳的人**一瘸一拐地去打水，

大概是因為宅女笑點低，這位愛妾竟然當場笑出了豬叫聲。

愛笑的豬豬女孩，運氣一般都不會差。

這個跛腳的人**玻璃心碎成渣渣**，

第二天找上門來，請求平原君殺掉嘲笑他的小妾。

平原君的找死技能發作，笑著答應了這個人。

等這個人扭身一走，平原君根本捨不得拿出**四十公尺大刀**殺掉那位愛妾。

換朕，朕也捨不得。

平原君和「**戰國 F4**」其他三位一樣，花重金開了人數 1000+ 的門客團。

門客們見平原君捨不得殺愛妾，覺得他「重色輕士」，便對他冷了心。

一年多後，他們就紛紛**拒領**平原君的包養薪水，一大半都收拾包袱跳槽了。

平原君這一頓找死，差點把自己的門客團給找沒了。

好在其中一位成員及時點了一下平原君，平原君的獨特體質當場覺醒，

抽出四十公尺長的大刀殺掉了愛妾不說，

還親自上門跟跛腳的人 **say sorry**。

見平原君是真的意識到錯誤，那些跳槽的門客又慢慢跳回來了，

平原君的門客團才沒有垮掉。

平原君這類找死的事情不要太多。

他身為趙國二號人物，竟找死到帶頭不繳稅，

石樂志[註]要把趙國搞垮的節奏。

還好有殺人狂轉世的稅務官**趙奢**，他幹掉了平原君家九個傳話管家，

一通嘴炮後還激發了平原君的獨特體質。

平原君醒悟過來，沒有在找死的道路上越找越死。

翻到第一九六頁查看　**史上最血腥的稅款催繳法**

再後來，秦國使勁蹂躪韓國，韓國只好割**上黨郡**這塊肥肉**求和**。

上黨郡守**馮亭**不想和秦國愉快地玩耍，就把土地獻給了趙國。

平原君竟然找死到勸趙王敞開肚子吞下這塊肥肉，

只不過這一次沒人跳出來激發他的獨特體質。

然後就——

註：石樂智，網路用語，是「失了智」的諧音。

趙國**四十萬人**被秦軍坑殺，精銳部隊幾乎被全滅。

整個趙國都被平原君找進了 ICU，在裡面只剩一口氣。

更要了趙國老命的是，

秦軍派兵包圍了趙國首都**邯鄲**，想順手給趙國來個一鍋端。

趙王只好派平原君去搬救兵。

平原君先給魏王和他的小舅子**信陵君**寫信求救。

此舉引發了朕之前講過的「信陵君竊符救趙」的故事。

翻到第一二〇頁查看 **戰國最講義氣的大佬的故事**

按下訂閱

平原君自己則準備帶著二十個從門客團裡選出來的
色藝雙全文武雙全的人才,親自跑去楚國請救兵。

然鵝

平原君選了**十九個**鑽石隊友後,始終找不到第二十個,
沒法湊成團開一把。

這時,門客團裡有個沒啥存在感的 boy,叫**毛遂**,
主動請求老司機平原君帶帶他。

順帶一提,「毛遂自薦」這
個成語就是出自這裡。

平原君曉得毛遂在門客團裡**摸了三年的魚**,根本沒聽說過他有什麼特長。

所以根本不想帶毛遂去,還找死般嘲諷毛遂:

有才的人就像錐子,放在口袋裡,

鋒尖很快就能扎破口袋,從裡面露出來。

多虧毛遂脾氣好，自我辯解說：

勞資我要是早被放在口袋裡，就不是漏鋒尖了。

整個錐子都得破袋而出。

毛遂曰：「臣乃今日請處囊中耳。使遂蚤得處囊中，乃穎脫而出，

非特其末見而已。」

——《史記·平原君虞卿列傳》

毛遂一頓嘴炮下來，平原君的易被說服體質**又又又又一次**被激發，

就真的打包帶上了毛遂。

沒想到到了楚國，其他十九個鑽石隊友**一直掛機，**

只有毛遂跟打了雞血一樣，

逼得只想看熱鬧不想派兵的楚王硬是同意去救援趙國。

從此以後，平原君開始懷疑**自己是不是眼瞎**，

連**豬隊友、神隊友都無法分辨**。

能搬動的救兵都請了，不過友軍到達戰場還需要時間，

平原君只好先屁顛屁顛地跑回邯鄲，

帶著趙國剩下來的**老弱病殘**，先抵禦一大波秦軍的攻擊。

邯鄲城的百姓都慘到無法無天了，

拿人骨當柴燒，交換孩子當飯吃。

平原君還繼續不找不死，吃的是各種**錦衣玉食**，穿的是各種**綾羅綢緞**，

家裡還藏著一大堆值錢的**零食、玩具**。

好在又冒出個叫**李同**的人,把平原君斥責了一頓。

平原君的獨特體質來了個超級爆發,

當即散盡家中所有的零食、玩具招募了**三千敢死部隊,**

硬是和秦軍正面對戰了一波,擊退秦軍三十里地。

得益於平原君的爆發,趙國終於撐到魏楚兩國的友軍到達戰場。

秦軍一看苗頭不對就溜了。

這場艱苦的**「邯鄲保衛戰」**,多虧了平原君技能覺醒才勉強打贏,

不然趙國要是在這時被打趴下了,秦國一統天下的時間都得提前。

這個傻乎乎的被動技能,也不是那麼沒用嘛。

門客團保住了，趙國也保住了，

接下來平原君就能和他龐大的門客團一起快快樂樂地生活下去了嗎？

想太多。

平原君的小舅子信陵君，因為過於為平原君**兩肋插刀，**

玩了齣**竊符救趙**，得罪了魏王，只好流亡趙國。

他在趙國發揮**愛交♂友本色，**跟一些**賭棍、酒店 waiter** 玩得很嗨，

搞得平原君很不開心，覺得這個小舅子簡直是胡搞，

根本不該跟那些**「下等人」**來往。

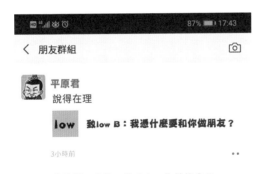

信陵君也很不開心，說那些賭徒、waiter 明明都是很油菜花[註]的人，

平原君竟然覺得人家上不得檯面，和他們交往很羞恥。

這說明，平原君這個人不值得深交。

於是信陵君收拾好包袱，準備離開趙國，和姐夫來個**切八段**。

塑膠兄弟情，說切就切。

好在這話被及時傳回平原君那裡，

平原君的超能力體質最後一次覺醒了，

親自上門跟信陵君 say sorry，信陵君才沒有封鎖他。

然鵝

平原君重金包養的門客團聽說這件事後，

覺得信陵君這個人**非常不錯**，再次拒領平原君的包養薪水，

一大半都收拾包袱，**跳槽去**了信陵君那裡。

平原君門下聞之，半去平原君歸公子，天下士複往歸公子，公子傾平原君客。
——《史記·魏公子列傳》

而這一回，這波門客團再也沒有回到平原君身邊。

門客團幾乎**人去床空**，平原君就這樣**空虛寂寞冷**地度過了他的晚年。

在平原君死後的第二十九年，趙國也終於**玩完**。

反正吧，平原君的傻乎乎被動技能，

既沒有守護住自己的門客團，也沒有逆轉趙國的悲慘宿命，

倒切切實實地成為了後世的笑柄。

第十五章

這可能是日本武士切腹自盡的文化源頭

——韓國刺客大佬聶政

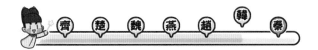

現在，朕來講講**韓國**的故事。

不過並不是隔壁的思密達大韓民國，而是**「戰國七雄」**之一的韓國。

比起其他六雄，韓國沒有**趙武靈王**這樣的魅力君主，

沒有**吳起**、**樂毅**這樣的頂級名將，

也沒有**張儀**、**藺相如**這樣的嘴炮達人。

活脫脫就是一個**「三無國家」**。

在戰國刺客界，韓國貢獻了一個厲害角色，

他就是「**中國古代四大刺客**」之一的**聶政**。

聶政在此登場！

聶政

哇！原來我大韓國也
不是人才沙漠嘛！

聶政是韓國人沒錯，

他年輕的時候超喜歡**行**（ㄕㄚ）**俠**（ㄖㄣˊ）**仗**（ㄈㄤˋ）**義**（ㄏㄨㄛˇ），

因為殺了人，被迫帶著老母和姐姐逃到齊國，當了一個**屠狗的狗肉佬**。

大概是沒人可殺的時候，
可以先拿動物練練手……

總之，聶政在齊國每天**屠狗賣肉**，

喝著小酒，看著集市上人來人往，一片歲月靜好，生活別提有多滋潤。

直到有一天，韓國大臣**嚴仲子**來拜訪聶政。

阿政，郭嘉有個任務要交給你！

黃桑，你不要搞錯棚了啊……

當然，嚴仲子帶來的並不是國家任務，而是他的**私人恩怨**。

起因是這樣的：

嚴仲子在**韓國國君**面前打了宰相**俠累**的小報告，

因為害怕俠累報復他，於是嚴仲子決定**先下手為強！**

嚴仲子打聽到聶政是個**孝順孩子**，

就拿出一大堆黃金獻給聶政老母，說是給他媽的**生日禮物**，

搞得聶政還以為這位嚴仲子對他媽有什麼**企圖**，當場**拒收黃金**。

嚴仲子只好說明來意，要拜託聶政去**刺殺仇人**。

聶政**依然拒絕**，畢竟這種玩命的買賣，

無論成功與否，都是死路一條。

他要是接了任務後死了，老母餘生就得喝西北風了。

聶政曰：「臣所以降志辱身居市井屠者，徒幸以養老母；

老母在，政身未敢以許人也。」

——《史記‧刺客列傳》

等聶政老母去世後，

聶政感激嚴仲子的恩情，辦完老母的喪禮，

就開足油門跑去見他，承諾幫嚴仲子**幹掉仇人**。

棘手的是，**俠累**貴為**韓國宰相**，

府上衛兵超級多，而且個個能胸口碎大石，

這項刺殺任務簡直是傳奇難度！

嚴仲子說不急，我先給你找個幫手。

聶政怕**走漏風聲，**當場拒絕了嚴仲子，

不過也對，想想後來**荊軻**為了刺殺**秦始皇，**

找了個街頭 boy **秦舞陽**當助手，

結果秦舞陽全程掛機，一點用都沒有。

所以聶政**單槍匹馬**來到了韓國首都。

那麼問題來了——

Q 作為刺客，要潛入守衛森嚴的相府刺殺韓國
宰相這種大人物，該做些什麼準備工作呢？

A 爬上相府附近的鳥瞰點，同步解鎖
相府及周邊地圖

B 偽裝成相府衛兵，準備潛入相府

C 使用無人機偵查相府

D 從墨子那裡，獲得滑翔傘，
準備空降相府

聶政 ABCD 全沒選！

他進入相府的方式非常**硬核，**

直接拖著一把劍從正門衝進去，殺掉正坐在相府裡的俠累，

然後在相府裡**開無雙**^註，幹掉了幾十個衛兵。

聶政可能是歷史上第一位把潛行暗殺
類遊戲玩成無雙割草遊戲的玩家。

聶政怕別人看清自己的長相，連累姐姐，

竟然當場活體解剖自己：

活剝自己的**面皮**，**挖出**自己的**眼睛**，**剖開肚子**，**挑出腸子**，然後死去。

聶政直入，上階刺殺俠累，左右大亂。聶政大呼，所擊殺者數十人，因自皮面

決眼，自屠出腸，遂以死。

——《史記‧刺客列傳》

註：開無雙，網路用語，源自遊戲，指的是人物角色開大招，然後殺小兵小怪就像割草一樣。

所以有種未經證實的說法，說日本武士**切腹自盡**的傳統文化源頭之一，

可能就是聶政的**獨特自殺方式**。

聶政幹掉了韓國宰相，

韓國方面很想知道**這傢伙是誰，有沒有同黨，背後主使者是誰**，

就把聶政**曝屍**市場，出錢打聽看有沒有人認得這具屍體。

於是韓國**懸賞千金**，求能認得聶政的人。

聶政的**姐姐**聽說這事後，

心想能到韓國相府裡開無雙的人，恐怕只有**自家弟弟**了。

她飛奔到韓國市場一看，一眼就認出那具屍體是弟弟。

聶政的姐姐趴在屍體上大哭，告訴圍觀的**吃瓜群眾**這人就是聶政。

姐姐很快就明白聶政自剝面皮的原因，

知道他就是怕連累和他相貌相似的自己。

既然我弟弟甘心毀壞自己的身體，也不願連累我，

我怎麼能因為害怕殺身之禍而讓我弟弟的名聲埋沒？

於是聶政的姐姐大呼三聲**「我的天吶！」**

然後悲傷過度，**死**在了聶政的屍體旁。

我的天吶！

正是因為聶政姐姐的宣傳，聶政的名聲才能**傳播天下，**不至於被埋沒，

聶政也終成**「中國四大刺客」**之一。

道理我都懂，可是為什麼講到別國時，大多講的是為國貢獻的明君名將，再不濟也是刺殺別國國君的刺客，

而講到我們韓國時，就是搞內鬥的工具人？什麼情況？

咳咳，這也沒辦法。韓國這邊實在是沒有什麼能拿得出手、值得大書特書的明君名將。

不行！講完聶政的故事，接下來一定要好好講講我們韓國的光榮歷史。

好得好的。

接下來，朕開始講韓國的歷史。韓國的歷史可**了不得**囉。

韓國滅掉了**鄭國後**，遷都到鄭國舊都**新鄭**，然後——

就開啟了被**魏、齊、趙、秦**等國爆揍的歷史。

再然後——

韓國就光榮地成為了戰國七雄中**第一個**被秦國滅掉的國家。

以上就是戰國系列「韓國篇」的全部內容。

我香檳都開好了，就給我說這個？

第十六章

被自己定的法律
坑了是什麼體驗？

——秦國商鞅變法

一提起戰國時代的**秦國**，

不少人會想到它的綽號──「虎狼之國」。

天壽啦！秦國來啦！

在春秋時代，秦國的**畫風**完全不一樣。

例如，朕以前講過的**秦穆公**，脾氣好，還厚道，

連仇敵**晉國鬧災荒**，他都沒趁機捅刀，

反倒**送糧食過去**幫人家**抗災**，簡直就是童話裡**愛心氾濫**的小兔子。

那麼問題來了——

為什麼到了戰國時代，秦國的畫風就變了呢？

要把這事講清楚，那就不得不提到一個能人——**商鞅**。

讓我改變畫風的，就是他。

商鞅起初叫衛鞅，是衛國國君的後代，年輕的時候癡迷法家學說。

戰國初年，魏國最強大，成了戰國最大的人才收容站。

當時衛鞅也來到魏國，在魏國 CEO **公叔痤**手下打工，很受 CEO 的賞識。

公叔痤在**病重快歸西**的時候，向**魏惠王**推薦衛鞅來**接班**。

魏惠王大概覺得公叔痤是得了 重度老年癡呆，

才會莫名其妙地推薦一個**毫無知名度**的年輕人。

這是要演哪齣？

眼看魏惠王**不打算任用**衛鞅，公叔痤又勸魏惠王**儘快殺掉**他，

免得他逃到別國，將來成為魏國的禍害。

魏惠王**一臉疑惑**，心裡可能還犯嘀咕：

等魏惠王前腳一走，公叔痤又叫來衛鞅，讓他趕緊逃跑，
別等著被魏惠王做成**「手撕鞅」**。

一般人遇到這種場面，說不定要嚇得癱瘓在地上，
衛鞅倒淡定得很——
魏王不會聽你的話來重用我，當然也不會聽你的話來殺我。

總之，衛鞅**沒有急著**逃跑，而是繼續**留在**魏國，等一個機會。
終於，西邊的秦國傳來一個好消息，**秦孝公**頒布「求賢令」，
衛鞅這才下定決心——向西入秦。

那時的秦國，早沒了秦穆公時代的**輝煌，**

連**河西之地**都被魏國人搶走了，**受了一肚子氣。**

所以，秦孝公的想法很簡單：要恢復穆公霸業，收復河西失地。

而秦國要收復河西的第一步，就是需要**人才**。

人才？等等，這不就是在說我嗎？

衛鞅來到秦國，透過秦孝公的一個**寵臣**的關係，

拿到了內推的資格，獲得了秦孝公**親自面試**的機會。

然鵝

前兩次面試，衛鞅大談特談「**帝道」**、「**王道」**

這些聽起來很美好，實際上**沒啥用**的治國術，

搞得面試官秦孝公昏昏欲睡，像極了*不得不聽無聊網路課程的你*。

你講歷史就好好講歷史，突然來戳我的淚點，是什麼意思？

第三次面試時，衛鞅終於推出了他的王牌產品──**「霸道」**，瞬間就俘虜了一心想要做霸道總裁的秦孝公。

秦孝公打定主意**重用**衛鞅，然後在國內**推行變法**，但擔心國內反對勢力**太強**，遲遲不敢動手。

秦孝公召集臣下開會，衛鞅和反對變法的守舊派展開了**激烈**的嘴炮大戰，

守舊派**戰鬥力負分**，根本辯論不過衛鞅。

然後，秦孝公**開始正式任用**衛鞅，強力推行**第一次變法**。

因為變法的內容有點多，一條條詳細地講，

連續說好幾章都不夠，所以朕就挑**重點**說一下。

1　建立軍功授爵制

軍功受爵制，可以理解為一個**打怪升級**的體系。

衛鞅把**爵位**分成二十等級，

秦國百姓如果參軍打仗，砍敵人**一顆人頭**就能獲賞**一級爵位**。

每一個級別的爵位，**分配**相應級別的**房產、田產**，

軍功越大、爵位越高，可以獲得的獎勵就越大。

哎喲，衛鞅真會玩，打仗搞得跟打遊戲一樣。

　　甚至挑選官員，也**必須**在有爵位的人中選用，
就算是**宗室貴族**，如果**沒有軍功**，那也得一邊涼快去。

　　所以這套制度一出，敵人的**人頭**就意味著**榮華富貴**，
秦國軍人個個**拚了命地殺敵、搶人頭**。
秦軍的戰鬥力**一路飆升**也就不奇怪了。

2 實行什伍連坐法

衛鞅把秦國每五戶人家編成一伍，十戶人家編成一什，

以 **「伍」**、**「什」** 為基層單位，**一家犯法，十家連坐。**

衛鞅還鼓勵百姓相互檢舉，

如果選擇**隱瞞，不告發奸人**，就要被處以腰斬；

如果**告發奸人**，那就和戰場上獲得敵人人頭一樣的待遇，

爵位提升一級。

若出遠門住旅店必須有官府給的憑證。

如果旅店沒看憑證就**隨便留客，**剛巧客人是罪犯奸人，

那店主和犯人**一同論罪。**

3　嚴刑峻法、重農抑商

秦國當時民風彪悍，不同**村落、貴族**封地之間經常抄傢伙打群架。

蛋是

這種「**私鬥**」打群架的風氣讓**大量青壯年**傷亡，並不是件好事。

於是衛鞅乾脆**禁止**民間打群架，告訴他們，

要是真有一腔**想打架**的熱血，就上戰場好好為國打仗去。

另外商鞅還施行**嚴刑峻法**，

例如，把灰亂扔到街道上，會被判在臉上刺字的**黥刑**。

據說之所以搞出這條法令，是因為倒灰會引發爭吵，

搞不好就打起架來了，破壞治安。

秦連相坐之法，棄灰於道者黥。

——《漢書》

顏師古引孟康曰：商君為政以棄灰於道必坋人，

坋人必鬥，故設黥刑以絕其源。

——《漢書注》

哇，亂扔垃圾都要動用刑罰，還有沒有人性？！

然後衛鞅鼓勵大家**多種糧食、多織布**，糧食生產得多、布織得多，**獎賞多多**。

要是去從事商業甚至遊手好閒不工作，那對不起，全家人包括妻子兒女，都得罰入官府為**奴隸**，強制進行在衛鞅看來**更有價值**的勞動。

以上就是商鞅第一次變法的主要內容。

在變法內容**擬定之後**，衛鞅怕百姓**不信**，

專門在市場南門豎起一根**三丈**長的木頭，

宣布只要有人把木頭搬到北門，就能獲得十金。

很多秦國百姓都覺得──

搞得衛鞅只好把賞金提升了五倍！！

果然，有個人願意試一下，把木頭搬到了北門。

衛鞅當即**兌現承諾**，馬上給了他五十金。

這下就讓百姓相信了他衛鞅**言出必行**。

這就是商君「徙木立信」的典故。

衛鞅的**新法施行一年後**，各地百姓都覺得不爽，

跑到國都來請願、**投訴**的就有上千人。

剛巧秦國太子犯了法，衛鞅決定**嚴肅處理**，

不僅處罰了太子的一位老師**公子虔**，還將另一位老師處以**黥刑**。

後來**倒楣**的公子虔又觸犯新法，被處以**劓刑**，被割掉了鼻子。

我看還有誰敢觸犯新法？

百姓

怕了怕了！

不過衛鞅這下得罪了太子這一夥人，為他將來的**悲慘遭遇**埋下了伏筆。

扯遠了。

總之，新法順利實施十年後，秦國慢慢強大起來，

社會秩序大好，沒有打架、偷盜，百姓的生活也越來越富足。

行之十年，秦民大說，道不拾遺，山無盜賊，家給人足。

民勇於公戰，怯於私鬥，鄉邑大治。

——《史記‧商君列傳》

於是當年那些說新法不好的人，現在又開始調轉口風，

大讚新法很好、很強大！

只能說這群人**很傻、很天真**，

衛鞅覺得這群人嘰嘰喳喳，廢話太多，看著很煩，

就乾脆把他們都**流放到邊疆**。

這一下，世界清靜了，再沒人敢亂發議論了。

第一次變法初見成效，衛鞅接下來著手搞**第二次變法**。

這次變法的內容也有點多，包括廢除土地公有的**「井田制」**、

允許土地私有和自由買賣、統一度量衡等。

總體來看，衛鞅的變法主要加強了兩方面——**「耕」**和**「戰」**。

耕，強調農業生產，目的是「富國」；

戰，強化軍隊作戰實力，目的是「強軍」。

兩次變法以後，秦國脫胎換骨、畫風突變，

「虎狼之國」的強秦正式誕生！

秦國趁著魏國和齊國**大亂鬥**，使**陰招**大敗魏國軍隊，

逼得魏惠王**割讓河西之地以求和**。

在衛鞅的帶領下，**丟失多年**的河西之地終於被秦國人**收復**。

寡人錯咧，寡人真的錯咧。寡人如果聽了你的話，衛鞅就跑不了了。衛鞅要是沒跑，寡人也不會淪落到這個悲慘的境地……

說 sorry 有用的話，那要歷史幹嘛？

因為有大功勞，衛鞅被秦孝公**封在商地**。

從此以後，他就有了一個新名字——**商鞅**。

然而歡樂的時光總是短暫的……

商鞅搞變法，得罪的既得利益的**貴族大佬簡直**多不勝數。

這群人早就看商鞅**不順眼了，恨不得快點弄死他**。

秦孝公死後，跟商鞅**有仇**的太子即位，是為**秦惠文王**。

這時候，明眼人都看得出來——

隨後，當年被**割掉鼻子**的公子虔等人告發商鞅要**謀反**，

嚇得商鞅趕緊往邊境跑。

達到邊境後，商鞅進入一家旅店，想**訂房休息**一下，

沒想到店家當場拒絕他——

商鞅好不容易逃到了魏國，

沒想到魏國人也**看不慣**商鞅很久了，直接把他送回了秦國。

估計商鞅那時候心裡有無數匹神獸奔騰而過。

商鞅這段逃亡的經歷，在《史記》裡有紀載。但這段故事實在太傳奇到底是不是真的，現在還有點爭議。

幾經周折，商鞅回到了自己的封地，組織封地士兵，準備垂死掙扎，

結果被秦國大軍擊敗，商鞅也戰敗身亡。

後來，商鞅的屍體被帶回了首都**咸陽**，被**五馬分屍**。

在這之後，秦惠文王還下令誅殺商鞅全家。

慘！

此處分隔線

不過幸運的是，秦惠文王恨的只是商鞅這個人。

他雖然殺掉了商鞅，但**沒有廢除**商鞅搞出來的新法。

接下來，**虎狼之國就要正式開始發飆了！**

東方六國，你們準備好了嗎？

第十七章

戰國唬弄之王

——張儀連橫助秦

雖然在商鞅變法之後，**秦國**慢慢地**強大了起來，**

但起初也沒能力同時打趴**其他六國**，只能一個一個打。

若是秦國當時**腦抽**，一次**單挑**六國，恐怕只能是這個下場——

所以——

當歷史進入這個階段時，對於秦國來說，

防止其他六國**聯合**起來對付自己，**非常關鍵！**

而歷史上剛好有一個**能人**，成功**幫助秦國**完成這個**階段目標**。

這個能人就是——

秦國戰略唬弄局首席局長
張儀。

我能把正的說成斜的，能把奸人說成好人。
小倆口過得挺好的，我能給他們說分開了。

秦惠文王

張儀

唬弄，接著唬弄！

張儀本來是**魏國人**，根據《**史記**》的說法，他和**蘇秦是**同學，都曾在**鬼谷子**門下**學習**唬弄（哦，不）**遊說之術**。

根據馬王堆出土的《**戰國縱橫家書**》，現在更多的學者相信，張儀和蘇秦根本**不是同一個時代的人**，他們活躍在不同的時期。

不要迷戀哥，哥有時候也會犯錯。

等張儀覺得自己的**遊說術練到滿級**了，就開始外出遊說各國。

有一次張儀在楚國陪 CEO 喝酒，CEO 丟了一塊**玉璧**。

沒想到 CEO 的手下破案能力堪比毛利小五郎，

一拍腦袋就覺得肯定是張儀這**窮鬼**偷了，

馬上抓住他，**拷打了幾百下**，打得張儀**皮開肉綻、屁股開花**。

怎麼能憑空污衊人清白？

張儀大概皮厚耐打，反正一咬牙硬是**沒被屈打成招**。

沒辦法，楚國 CEO 只能**放人**。

張儀回到家裡，老婆看他**一身傷，**心疼得不得了，說：

你要是不讀書遊說，又怎麼會受到這樣的屈辱？

張儀卻對老婆說：你看看我的舌頭還在不？

老婆說：在啊！

張儀說：那就夠了。

後來張儀來到秦國，當上了**秦國 CEO**。

順便說一句，在**《史記》的記載中**，
張儀之所以**入秦**，是因為**被老同學蘇秦「智激」**了一把。
但朕在前面也說過，蘇秦和張儀**不可能**是同學，
甚至他們可能**根本不認識**。
所以「蘇秦智激張儀」的故事，**同樣不可信**。

哥還是那句話：請不要迷戀哥。

張儀任 CEO 的時候，天下**最強**的國家是**秦、楚、齊**三家。
在戰國初年實力最強的**魏國**已經衰落了，
混成和**燕、趙、韓**差不多一個位階的了。

衰弱歸衰弱，魏國人想**搞事的心**還是很大的。

魏國這邊剛巧也有個**能人**，名叫**公孫衍**。

公孫衍覺得秦國是個**大威脅**，

專門搞出一套**對付秦國的策略**── **合縱**。

於是，公孫衍和張儀**開始了宿命般的對決**。

首先，公孫衍搞出**魏、韓、趙、燕、中山「五國相王」**，

意思是讓這五個諸侯國**互相承認**各國君主擁有 **「王」** 的稱號。

公孫衍這一招的**目的很明確**，

就是想讓這五個諸侯國**團結起來，應對外部威脅**。

其實就是五個弱雞的聯合體。

張儀的**應對策略**，大家也聽說過，就是**連橫**。

他一方面聯合**齊、楚**，另一方面對**魏國又拉又打**，進行**威逼利誘**。

還策劃了秦惠文王「稱王」一事，迫使魏、韓兩國參加，

讓魏國**承認**了秦國國君的**王號，不得不向秦國妥協。**

之後，公孫衍又策劃了魏、趙、韓、燕、楚**五國合縱**攻打秦國一事，

以楚懷王為**聯盟老大**，順帶還聯絡秦國背後的**義渠部落，**

讓義渠人在背後捅了秦國一刀。

義渠人雖然小勝，但五國聯盟真正出兵的，只有魏、趙、韓這三國，

這三國的軍隊在**函谷關**被秦軍爆**揍了一頓**。

在這之後，韓國把太子送到秦國**當人質**；

魏國國君和秦王不得不進行**親切、友好的會談**。

張儀的**連橫策略——成功！**

從此以後，公孫衍大概是**可恥地躲起來了**，便從歷史記載中**消失了**。

魏國、韓國對秦國擺出了**低姿態**。

齊國、楚國兩大強國**感受到了秦國的威脅，**

兩顆心迅速而又熱烈地靠近，形成了**「齊楚同盟」**。

秦國不願意看到齊楚走得太近，派唬弄大師張儀**出馬，**

設計拆散了齊楚聯盟。

沒多久，楚懷王意識到自己被秦國唬弄了，

氣得幾乎**原地爆炸**，便搞了個武裝**維權行動**，派大軍進攻秦國。

後來齊國和秦國一起出兵，楚國大敗，被斬首**八萬人！**

楚懷王不甘心，再度派大軍武裝維權，結果**又叒叕**[註]被秦國打敗，

維權行動徹底失敗！！

註：又叒叕，網路用語，意思是強調之前經常發生的某一事件多次發生。

對於張儀這樣的大唬弄，楚懷王**恨不得**把他**槍斃一整年**。

後來秦國提出拿一塊土地來交換楚國的**黔中郡**的建議，

楚懷王**立馬表態：**我不要你家的土地，我只要得到張儀，

就願意**獻出**黔中郡。

朕說歷史·戰國篇

張儀連橫助秦

秦惠文王一看，哎喲，還有這樣的好事，

巴不得讓張儀去**送死換地**，但又不好意思開口。

張儀**看穿**了上級的心思，乾脆**主動請纓**前往楚國。

職場生存第一要義：上級想讓你去送死或者背鍋，最好主動點。

張儀一到楚國就被楚懷王抓了起來，即將要被**拖出去祭天**。

然鵝

張儀賄賂了楚國大臣**靳尚**。

這位靳尚很給力，找到了楚懷王的**寵妃鄭袖**，**騙她說：**

楚王抓了秦王最喜歡的張儀，秦王馬上要拿土地來換他，

順帶還要給楚王送能歌善舞的秦國美女，楚王肯定要換啊！

那以後秦國美女一定要上位，你就要被楚王冷落了啊！

這一頓唬弄，還真**嚇住**了鄭袖。

張儀不愧是唬弄之王，連交的朋友都是唬弄高手啊！

鄭袖趕緊用力給楚懷王吹枕邊風，楚懷王還真就放了張儀，

後來經人提醒，覺得不對，忙派人去追殺張儀。

但張儀沒那麼傻，不會傻等著讓楚懷王來殺他，早就跑得無影無蹤了。

我真是個機智的小可愛。

不！你是個討厭的大騙子！

總之，多虧了秦國這位給力的**唬弄之王**，

「連橫」策略很奏效，齊楚兩大強國的聯盟成功**被分化**。

秦國在崛起的關鍵期，

坐收了齊楚分化的**漁翁之利，避免了被集火對付的危機。**

可以說，張儀絕對是秦國的**大功臣**。

等秦惠文王一死，他兒子**秦武王嬴蕩**即位。

秦武王身為**肌肉猛男，**

只有同樣是肌肉猛男的臣子才能討得到他的**歡心**。

秦武王在當太子的時候就**不大看得上**張儀這種嘴炮王。

張儀怕在秦國待久了，說不定哪天就被弄死，

於是趕忙離開秦國，回到了**故鄉魏國**，同年就**病死**在魏國。

比起被**五馬分屍**的商鞅，
張儀幸運太多了。

秦武王作為一代猛男，對於武力謎之**自信**，

即位後就開始**爆揍**韓國，甚至還把軍隊帶進了**周天子的王都**。

在周天子的王都**洛邑**，他非要和手下的猛男現場玩一把**舉重比賽**，

看誰能把九鼎之一的**龍文赤鼎**舉起來。

你們對寡人的力量一無所知！

哇，好棒棒！

沒想到，現場出了比賽**事故**，秦武王小腿脛骨被折斷，

他因失血過多——

卒。

秦武王的死，對於秦國來說只不過是一個**小小的插曲**，
秦國的崛起之路**並沒有被打斷**。

第十八章

為了除掉心腹大患，她給敵人生了兩個孩子

—— 宣太后滅義渠

秦國唬弄大師**張儀**成功分化了**齊楚兩大國的聯盟,**

使秦國在崛起初期避免被集火爆捶。

那麼接下來——

大家不要忘了,秦國的後方還有一個大隱患,

那就是秦國西邊的**義渠部落。**

如果秦國軍隊全部東出,秦國很容易被義渠人突襲,

搞不好崛起的進程也要被打斷,那就虧大了。

所以,秦國要想安安心心地東出去吞併天下,

必須先拔除**義渠人**這個後患。

這個光榮而艱鉅的歷史使命就落在了一個女人身上。

這個女人就是**秦國宣太后。**

順道一提，

現存的歷史資料根本沒有記載宣太后的名字，

說她叫「羋月」，只是小說家言。

再順便說一句，我比宣太后兒子的年紀還要小，我發誓我真的沒有戀母情結，根本不可能和她搞曖昧嘛！

宣太后是**楚國人**，姓羋倒是斬釘截鐵的事。

她進入秦惠文王的後宮後，被封為「**八子**」，也被稱為「**羋八子**」。↓

秦國後宮有八個等級，依次是：

王后、夫人、美人、良人、八子、七子、長使、少使。

以看出來，宣太后在後宮的地位並不算高。

不過好在宣太后的肚子**給力，**一共生了**三個兒子。**

在**春秋戰國時代，**列國之間經常**互換「質子」**來維持關係。

質子就是人質，一般是王子或世子等出身貴族的人。

宣太后的大兒子**公子稷**就被送去燕國當人質。

再後來，**秦惠文王去世，**惠文王后的兒子即位，也就是**秦武王。**

按理說，這下宣太后和她的兒子們的戲分該全部殺青了吧。

秦武王身為**肌肉猛男**，偏偏要找死，結果因挑戰**舉鼎而**猝死，

死時才二十三歲，連兒子都沒來得及生一個。

糟糕，光顧著和猛男們摔角了，忘了生小孩這檔事。

等秦武王一歸西，秦武王的各位弟弟就開始了**秦國鐵王座搶奪戰**。

在燕國做人質的公子稷，在趙國的**趙武靈王**的幫助下回到秦國，

然後在宣太后同母異父的弟弟**魏冉**的助攻下，

成功奪得王位，是為**秦昭王**。

雖然那個時候繼承王位的是秦昭王，但秦國真正的喬事人是宣太后。

哎唷，這劇情我們熟。

慈禧　　呂后

身為**第一位執政的太后**，前面沒有劇本可以照著翻拍，

萬事都得靠宣太后自己摸索，非常不容易。

所以有的時候，宣太后搞出來的事情真的讓人驚掉下巴。

事情是這樣的——

有一回，楚國爆揍韓國，韓國快頂不住了，趕緊派使者向秦國求救。

宣太后根本不想發兵。

她召見韓國使者，

說了一大通**生**（臭）**動**（不）**有**（要）**趣**（臉）**的大道理：**

當年我服侍先王的時候，先王把大腿壓在我身上，

我感到**好累、好疲倦。**

可是當先王把整個身子都壓到我身上的時候，我卻不感到很重，反而感到很爽、很舒服，這是因為他這麼做對我也有好處。

宣太后謂尚子曰：妾事先王也，先王以其髀加妾之身，妾困不疲也；盡置其身妾之上，而妾弗重也，何也？以其少有利焉。

——《戰國策·韓策》

那麼我秦國去救韓國，要耗費糧草兵力，這對我們有什麼好處呢？

反正在整個中國歷史中，在朝堂之上，當著外國使者的面，

把自己當年的房中祕事拿出來大談特談的，也就宣太后這麼一個。

宣太后不僅言語上豪放，做起事來也同樣豪放。

晚年的她**人老心不老**，養了一名叫**魏醜夫**的男寵。

別看他名字裡有個**「醜」**字，估計**顏值不差**。

宣太后愛這位男寵愛得要死，生了重病快不行了的時候還打算讓他**殉葬**。

魏醜夫被嚇得不行，趕緊請了個嘴炮大師到宣太后那裡**一頓勸，**

才打消她的念頭。

畢竟死後還帶上男寵，萬一世上真有陰曹地府，

那到了地下，惠文王臉上也掛不住。

雖然這位宣太后愛開車，也<u>包養男寵</u>，但她其實是個

好女孩

好太后。

因為在她主政期間，她為秦國徹底除掉了**義渠人**這個**心腹大患**。

她完成這一項任務靠的是——

出賣色相。

就在秦昭王即位的那一年，**義渠王**專程來秦國**朝賀**，
沒想到這次和宣太后見面後，兩人乾柴烈火，一點就燃，
還陸續生下了兩個孩子。

至於兩個人是不是動了真感情，歷史也沒記載，朕不好瞎猜。
反正等時機成熟了，宣太后就**引誘義渠王再度入秦**。

義渠王可能覺得這是老情人在深情呼喚他，
大概也沒多想，就猴急地往秦國甘泉宮裡跑。

然後——

義渠王**卒**。

都是套路啊。

義渠王剛被誘殺，秦國便立即發兵攻打義渠人，成功**滅掉了義渠部落**。

從此以後，秦國再也不用擔心被義渠人突襲了，

可以**全力投入吞併天下的事業中**。

在這一波操作中，宣太后肯定是頭等大功臣。

都是為了我大秦，我綠我光榮！

宣太后在秦國主政時，重用兩個弟弟——**魏冉**、**羋戎**，

以及兩個兒子——**公子悝**、**公子市**，

這四位大佬合稱

~~「秦國 F4」~~

「四貴」。

秦國大權掌握在宣太后和「四貴」手中，
導致秦國國內只知道太后和秦國 F4。

而作為**真・秦國國君**的秦昭王，絕不願意讓這種狀況持續下去。

這一回，**又有一位魏國的人才**來到了秦國。
他不僅幫助秦昭王解除了宣太后和四貴的權力，
還為秦國制定了一統天下的**絕妙戰略**。

第十九章
真‧快意恩仇的實踐者
──謀略家范雎

宣太后和秦國 F4 把持了秦國朝政，在秦國一手遮天。

這一切並沒有永遠持續下去。

他們的權力最終因為另一個魏國人的到來而被完全終結。

這個魏國人就是真・快意恩仇的實踐者范雎。

關於這位老兄到底是叫范雎，還是叫范雎，

歷史學家尚有爭議。

朕查看了兩方支持者列舉的各項理由，感覺——

哎唷，好像都很有道理。

考慮到最新的《現代國語辭典》也支持他叫「范雎」這個說法，

那朕就叫他范雎吧。

前面說了，范雎是**魏國人**，和大多數魏國有志人士一樣，

都想為**魏王**服務，順便做出一番大事業。

然鵝

他慘就慘在太窮，籌集不到四處遊說的活動資金。

沒辦法，他在魏國中大夫**須賈**的手下找了一份工作，先做再說。

> 然鵝，他悲催的命運，才剛剛拉開序幕。

有一回，須賈去齊國出差，順便帶上了范雎。

沒想到**齊王**看上了范雎，覺得他一身的**才華細胞，**

就特意送了十二高品給范雎，還有牛肉、美酒之類的。

范雎的腦子還算**清醒**，不敢私自收下「競爭公司」的禮物。

> 公司有規定，我們不收禮物。

須賈卻開始懷疑范雎和齊國人有私下交易，

覺得他一定是拿魏國機密換取了好處。

於是，須賈一回到魏國就向魏國 CEO 魏齊打小報告。

魏齊立刻祭出大招，讓人用木板、荊條猛抽范雎。

結果手下的狠人下了狠手，打斷了范雎的肋骨、牙齒。

好在范雎機智，**用裝死躲過一劫。**

魏齊以為他翹辮子了，就讓人把他用席子一卷，丟到臭烘烘的廁所裡，

還讓喝醉了的手下輪番往他身上撒尿。

魏齊大怒，使舍人笞擊雎，折脅摺齒，雎詳死，即卷以簀置廁中。

賓客飲者醉，更溺雎，故僇辱以懲後，令無妄言者。

——《史記·范雎蔡澤列傳》

這過分了啊。

當天夜裡，范雎偷偷懇求守衛放了他。

守衛一心軟，就**故意請示魏齊，**

說席子裏的這個人死都死了，要不就拿出去扔了吧。

魏齊當時喝得醉醺醺的，就順口答應了，說可以，

~~不過一定要做好垃圾分類工作。~~

迷惑的是，為什麼廁所裡面都有保鑣站崗？這要是去尿尿，能尿得出來嗎？

魏齊**清醒後又後悔了**，趕緊派人去搜索范雎。

范雎已經跑得沒蹤影了。

運氣好到爆棚的范雎，

接下來遇到了他生命中的**兩條錦鯉**，從此逆天改命。

其中一條錦鯉叫**鄭安平**，正是他幫助范雎藏了起來。

范雎化名**張祿**，躲過了魏齊的搜捕。

第二條錦鯉是秦國使者**王稽**。

正是在鄭安平的推薦之下，王稽發現范雎是**難得的人才**，

決定偷偷帶他回國，讓范雎在秦國發光發熱。

回到秦國後，王稽向**秦昭王**推薦范雎，把他誇上了天。

但秦昭王起初根本不信這套，只讓范雎住**最差的賓館**，吃**最便宜的便當**。

范雎等了一年，都沒能見上秦昭王的面。

這可能是世界上等得最久的面試通知。

當時**秦國 F4** 大權在握，在宣太后的庇護下，**其富有程度甚至超過國家。**

最關鍵的是，**魏冉**管秦國軍隊。

他施行的政策主要是為了擴張自己的封地，

而不考慮秦國的國家利益，

竟然繞過**魏國**、**韓國**，去攻打遠一點的**齊國**。

腦袋是不是有洞？

范雎**逮住機會**，給秦昭王寫了一封很長的信，**暗中批評了一下魏冉**。

秦昭王大概早就看不慣**魏冉了**，

一看范雎的信，感覺這年輕人不錯，趕緊讓范雎來宮裡面試。

兩個人一聊就聊投緣了，兩顆心迅速靠近，

又叒叕一次上演了志同道合、共闖難關的好兄弟戲碼。

話說這是多少回了？

唉，朕都記不太清了。
春秋戰國時期，這檔子事太多了。

然後范雎輔佐秦昭王幹了兩件大事。

第一件，制定了秦國吞併天下的大戰略——**遠交近攻**，

用人話來說，就是和遠一點的國家（例如：齊國）交好，

全力吞併近一點的國家（例如：韓、魏）。

這條戰略好好執行下去，**推平天下**就容易一些。

第二件大事也很關鍵，叫作**強幹弱枝**，

就是幫助秦昭王解除了宣太后的權力，

然後把「秦國 F4」逐出都城咸陽，歷史上稱之為**「逐四貴」**

因為功勞很大，范雎被任命為**秦國 CEO**。

只不過秦國人一直叫他的假名張祿，魏國人根本就不知道他是范雎。

有一回，秦國發飆了，準備爆揍魏國，

魏國趕緊派須賈當使者，來秦國求饒。

范雎知道須賈要來，

就穿了一身破破爛爛的衣服去見他的這位前上級，專程賣慘。

得知范雎沒死，須賈非常吃驚。

又聽范雎說自己在當差役，淪落到這個悲慘的地步，

須賈竟然對他有點小同情，不僅留他吃飯，還送給他一件粗絲袍。

須賈問范雎：

秦國 CEO 張祿很厲害，現在在秦王那裡很得寵。

我這次來辦事，能不能成主要取決於這位 CEO，

不知道你有沒有認識他的朋友？

范雎說：

我的主人很熟悉他，就讓我來引薦一下。

隨後，須賈被范雎騙到他府邸門口，范雎謊稱自己進去通報一聲。

須賈在門口等了很久都不見范雎出來，

一問門口的守衛才知道，剛剛進去的范雎就是**秦國的 CEO 張祿**。

不知道的事，就多向守衛打聽打聽，準沒錯。

這可嚇得須賈險些昏過去，趕緊脫掉上衣，

光著膀子在門口**跪地而行，主動認罪，**范雎才親自召見他。

須賈磕頭求饒，就差叫范雎一聲爸爸。

范雎數落須賈當年的罪狀，

要不是看在他贈給自己絲袍，還算有點良心的份上，

早就把他大卸八塊了。

所以說呢，做人留一線，日後好相見。
這句話也不是沒有道理。

總之，范雎把事情原原本本地**報告給了秦昭王。**

於是，秦國方面不打算接受魏國來使，準備直接驅逐須賈。

須賈去向范雎辭行，范雎還**故意羞辱他，**

給他在宴席上放了一槽馬草料，

讓兩個受過刑的犯人在旁邊餵他。

范雎還讓須賈帶個話回去：

要魏王交出大仇人魏齊，否則就要屠滅魏國首都大梁城。

須賈回到魏國後，向魏齊說了這事，

嚇得魏齊趕緊往趙國平原君府上躲，

希望仗義的**平原君**能罩著他。

別擔心，有我罩著你。

秦昭王霸道總裁屬性發作，決定**親自下場**為心愛的范雎**報仇。**

他把平原君引誘到秦國扣留，強迫他交出魏齊，

同時還給趙王寫信，威脅他說不交出魏齊就要攻打趙國。

平原君是硬漢，不打算屈服。

但是趙王孬了，派兵包圍平原君家裡，準備**獻祭魏齊。**

抱歉，我罩不住你了。

悲催的魏齊連夜逃出平原君的家，逃到了魏國大梁，

準備透過信陵君的關係投奔楚國。

信陵君也害怕秦國打過來，猶豫著要不要迎接魏齊，

雖然後來下決心還是要好好招待他，

但魏齊有點想不開，一怒之下自刎而死，

結束了他前半生紅紅火火、後半生冷冷清清的悲催人生。

大仇得報，完美！

范雎

大仇得報的范雎，在之後的一段時間內**事業順風順水。**

他當 CEO 的這段時間，秦國打贏了**長平之戰**，幹掉了趙國精銳主力。

秦國**統一天下**，只是一個時間問題。

不過范雎這個人**恩怨分明**,所謂一飯之德必償,睚眥之怨必報。

一頓飯的恩情,他要報答;發火瞪他一眼的怨恨,他要報復。

打贏長平之戰的功臣**白起**,因為和范雎有仇,

就被范雎進讒言給害死了。

另外兩條幫助過范雎的錦鯉——鄭安平和王稽，

都受到范雎的推薦，在秦國步步高升。

范雎也不管這兩個傢伙到底有沒有本事勝任其職位。

所以**兩條錦鯉變兩顆災星，也是遲早的事。**

首先是鄭安平。

他領兵攻打趙國，竟然在作戰不利的情況下，

直接帶著兩萬士兵的部隊**投降**了。

另一位王稽老兄，則因為犯法而被誅殺。

按照秦國的法律，被推薦的官員犯了法，舉薦人也要一同被治罪。

霸道的秦昭王護短，並沒有拿范雎怎麼樣。

不過按照傳統史書的記載，范雎的心裡還是怕怕的，

主動辭去了 CEO 的職務，最後病死在了封地。

對他來說，這算是個不錯的結局。

至少比商鞅的命運好多了。

在出土的雲夢秦簡《編年紀》中是這樣記載的：

五十二年，王稽、張祿死。

也就是說，在王稽伏法的那年，

范雎很可能並沒有逃脫秦法的制裁。

快意恩仇的范雎完成了一次漂亮的復仇。

這確實**很厲害**，看著也痛快。

不過他濫**用職權來報恩**，終究害了他自己。

第二十章

投啥啥賺，
秦始皇也得感謝他

——秦始皇即位

秦昭王在位五十六年之久，
期間打贏了**長平之戰**，滅掉趙國精銳主力，
掃平了秦國一統天下的最大障礙。
後來秦軍攻陷洛邑，俘虜了末代周天子周赧王，
搶了周王室的鎮宅之寶——九鼎，
滅掉了超長待機八百年的小能手——**周朝**。

秦昭王為秦國奠定了打贏統一戰爭的基礎。
不過大家都知道，最後完成天下統一的，**是他的曾孫**。

對，就是大家再熟悉不過的阿政哥哥——
秦始皇。

雖然阿政的故事告訴我們

出生在一個資源好到頂呱呱的家庭是多麼重要，

千萬不要以為阿政的屁股上自帶磁鐵，

能讓秦國的王座鐵定屬於他。

實際上，如果沒有一位**戰國天才投資人**的幫助，

阿政在趙國當人質的老爸**異人**，說不定早就被趙國人撕票了，

再想浪的阿政哥哥也都**沒法浪起來了。**

而這位天才投資人，就是**呂不韋**。

呂不韋很有錢，家產有□金之多，

大概就是能上**戰國富比士富豪榜**的那種吧。

至於他為什麼這麼有錢，主要是因為他投資眼光超厲害。

別人覺得沒太大價值的東西，

他低價買了，總是能以高價賣出去。

往來販賤賣貴，家累千金。

——《史記·呂不韋列傳》

這要是在今天，肯定就是股神的節奏。

給跪了。

韭菜

跪了……

古往今來，不少有錢人的生活都一樣的**樸實無華且枯燥，**

該吃的都吃過了，該玩的都玩過了，人生好像沒啥奮鬥的動力了。

不過呂不韋不同，他想跨界玩政治，

逮著機會玩了一把漂亮的政治投資。

事情是這樣子的——

超長待機的**秦昭王**生生耗死了自己的太子，

於是他的二兒子**安國君**就成了新的太子。

而安國君的腎一定是**鐵打的，**

一口氣生了二十多個兒子，**卻沒有定下繼承人。**

其中一個兒子，就是被送到趙國當人質的**異人**。

主要是因為異人的親媽
不受安國君的寵愛。

異人

知道真相的我，流下了絕望的淚水。

當時秦趙兩國關係緊張，

秦國還動不動就爆揍趙國，搞得趙國人十分痛恨秦國人。

所以異人在趙國不受待見，日子過得緊張兮兮的，很不是滋味。

能保住小命就很不錯了。

有一回呂不韋在趙國都城**邯鄲**做生意，見到了異人，

立馬相中異人這個落魄王孫，覺得他是個**「奇貨」**，

值得囤積居奇，轉手一賣，絕對穩賺不賠。

這就是「奇貨可居」這個典故的由來。

於是呂不韋主動拜訪、結交異人，準備花大錢**投資**在他身上。

呂不韋買了大量奢侈品，然後向西入秦。

剛好安國君的寵妃**華陽夫人**肚子不爭氣，**沒有給安國君生兒子，**

呂不韋花重金疏通關係，進宮見到了華陽夫人，

在她面前拚了命地吹捧異人。

朕估計異人聽了那些吹捧的話都會臉紅。

呂不韋的一番瞎話說得華陽夫人**母愛氾濫**，高興得不得了。

呂不韋又繼續給華陽夫人**分析其中厲害，**

說她沒有兒子，只是以色侍人，

等年老後**寵愛減少，**怕是沒有好下場，不如讓被疏遠的異人**當繼承人，**

異人一定會依附於她，這樣她就不用擔心晚年的養老問題啦。

沒有人比我更懂賣保險。

華陽夫人一聽，**覺得他的話太有道理了！**

她就趕緊上車**買了保險**，在安國君那裡撒個嬌啥的，

再眼淚汪汪地哭一場，異人的繼承人位置就算定下來了。

安國君還送了好多禮物給遠在趙國的異人。

這一下讓異人的名氣越來越大。

安國君想讓趙國送回異人，

不過趕巧秦國和趙國**開戰**，趙國人想**弄死**異人。

呂不韋**拿鉅款賄賂**趙國守城官，才帶著異人逃回了秦國。

在回國後的第一時間，呂不韋就讓異人穿著**楚國服裝**去見華陽夫人。

華陽夫人本來就是楚國人，**一看異人打扮得很用心，**

當場就認異人作兒子，還給他改名叫**「楚」**。

沒有人比我更懂中年婦女的心理。

六年之後，秦昭王下線，安國君即位，**異人自然而然就是太子。**
結果安國君也是悲催，**即位三天就暴斃。**

於是，曾經的落魄王孫異人，

就這樣登上了天下最強大國的王座。

異人同樣短命，**三年後也跟著下線**。

於是，戰國時代的終結者——**秦始皇即位了。**

順道一提，秦始皇的生母**趙姬**曾經是呂不韋的姬妾。

當年在**邯鄲**的時候，異人向呂不韋討要趙姬，呂不韋心裡**很不樂意，**

但考慮到已經為異人花了大把銀子，想想還是割愛算了，

就把趙姬送給了異人。

《**史記**》還強調了一句，呂不韋把趙姬送人的時候，趙姬已經有身孕。

呂不韋取邯鄲諸姬絕好善舞者與居，知有身……乃遂獻其姬。

——《史記·呂不韋列傳》

刺激！

《史記》接著說，

趙姬**故意隱瞞了懷孕**這事，十二個月後生下了**秦始皇贏政。**

也就是說，按照這種說法，

呂不韋才是秦始皇的親生父親？！

懷孕十二個月生孩子這種事實在有點逆天。

從現代婦產科學來說，懷孕超過十個月，難產的概率大大增加，

不進行剖腹產的話，嬰兒容易胎死腹中，甚至產婦都很難保命。

古代的醫學條件相對落後，

趙姬懷孕十二個月還能活下來，顯然**不科學**。

而且從時間上推斷，趙姬是在離開呂不韋十二個月後生的孩子，

那麼，趙姬是在跟異人結婚兩個月後懷孕，再懷胎十月生下秦始皇，

這時間加起來就**剛好是十二個月**了！

所以後世傳說呂不韋是秦始皇的生父，

大概只是想否定秦始皇的繼位權的合法性罷了，

並不可靠。

不過，秦始皇即位的時候年紀小，

呂不韋被尊為**「仲父」**，當上了**秦國相邦**，可以說是大權在握。

他當年投資在異人身上的錢，可算是沒白花。

呂不韋可以說是中國歷史上最厲害的投資家。

呂不韋跨界玩政治，雖說是政治素人，

但至少能讓**秦國繼續穩步擴張**，拿下了不少土地。

總體來說，作為一個政治家，**他還是成功的。**

沒有人比我更懂國際政治。

他還為秦國招來了不少人才，很多人才在他手下當**門客**。

這些才氣沖天的門客還寫了一部流傳於世的《**呂氏春秋**》。

呂不韋曾經把《呂氏春秋》寫在布匹上，然後將布匹掛在咸陽城門上，

說如果有人能在書上**增刪一個字**，就賞他一千金。

這就是「一字千金」這個典故的由來。

呂不韋到底貢獻了多少典故……

結果，沒有人能增刪一個字，反而讓《呂氏春秋》這部書變得更有名了。

從這件事可以看得出來，呂不韋同時也是個**炒作大師**。

沒有人比我更懂炒作。

扯遠了。

呂不韋大權在握，和老情人趙姬舊情復燃，兩人**經常約會**。

不過眼看嬴政逐漸長大，呂不韋對自己和趙姬的感情感到擔憂。

他又很懂**風險管理**，怕哪天搞出禍事來，心裡慌得不行。

於是，他就找了個叫**嫪毐**的人來頂替自己。

沒多久，嫪毐便順利地虜獲了趙姬的歡心。

我說過，沒有人比我更懂中年婦女的心理。

不愧是中年婦女之友！

之後，呂不韋讓嫪毐**拔掉鬍鬚**，安排他進宮當了假太監。

嫪毐和趙姬私通得不亦樂乎，還偷偷生了兩個兒子，

甚至還商議說，**如果阿政哥哥掛了，**就扶持他們的孩子當秦王。

想想要是他們的孩子統一天下，那就是中國第一個皇帝了。

誰說太監的孩子不可以當皇帝？

好在阿政哥哥給力，及時發現嫪毐是假太監。

之後嫪毐想搶先**發動叛亂**，幹掉阿政，

可是嫪毐的政治軍事技能不大給力，很快就仆街。

嫪毐被滅三族，和趙姬生的兩個兒子也被處死。

呂不韋也因此**受到牽連**，被剝奪了 CEO 的職位，

還被遣送到河南的封地。

但阿政還是不放心呂不韋，

寫信怒噴他，說還要把他流放到四川去看熊貓。

呂不韋終於明白**阿政不會放過他**，

便服毒自殺，結束了他傳奇的一生。

說真的，呂不韋投資**眼光毒辣，**

一手把落魄王孫異人扶上了秦王的寶座。

可以說，沒有他就沒有異人，也就沒有秦始皇。

從他的結局看來，他依然沒有打破——

「秦國大功臣最後必悲催」的魔咒。

秦國大功臣有點像是《哈利波特》裡的黑魔法防禦課老師，誰當誰慘。

冷靜分析

呂不韋死後十四年，

秦始皇終於一統天下，結束了紛紛擾擾的春秋戰國時代。

中國歷史從此揭開了新的篇章。

天下統一了，哥的青春結束了。

戰國大事紀年表

公元前 475 年，戰國時期開始。

公元前 473 年，越王勾踐滅吳，吳王夫差自殺。

公元前 453 年，韓、趙、魏三家滅智伯，瓜分其地。

公元前 403 年，韓、趙、魏被封為諸侯，晉國被一分為三。

公元前 356 年，商鞅在秦開始變法。

公元前 343 年（有爭議），馬陵之戰，孫臏大敗魏軍，魏國開始衰落。

公元前 307 年，趙武靈王實行「胡服騎射」。

公元前 306 年，楚懷王滅越國。

公元前 286 年，齊國滅掉宋國。

公元前 284 年，樂毅率五國聯軍伐齊。

公元前 279 年，田單用火牛陣攻燕，恢復齊國。

公元前 260 年，長平之戰，秦國名將白起大破趙括，坑殺趙軍四十多萬人。

公元前 257 年，魏信陵君救趙，大破秦軍。

公元前 256 年，秦滅周。

公元前 238 年，秦王嬴政親政。

公元前 230—前 221 年，秦滅六國。

感謝所有為本書奮鬥的朋友，朕將為此書出版嘔心瀝血的諸位好友的芳名刊印於此，以期永存。

功績不問高低，以下排序不分先後：
黃澤濤　劉開舉　肖　航　陳震毅
江宗燁　陳麗亞　曾黛琪　馬曉丹
沈雪瑩　楊慧慧　曾凱麟　陳曉笙
商若梅　侯　健　湯煥駒

其中，特別感謝小江對朕說的巨大付出，他對知識的熱愛和探索將永遠地激勵我們。

ISBN 0 947338 84 5

Design
R.W. Stapleton
Tracy Waller

Mum's the Word

Illustrated by Rory Stapleton

Wash up as far as possible
Wash down as far as possible
and then wash possible.

Let me look into your eyes.

Act your age,
not your shoe size.

Please...
Don't teach your Grandmother
how to suck eggs!

Has the cat got your tongue?

Get back into your box.

I told you to go before
we left the house.

If I've told you once
I've told you a thousand times.

Were you born in a tent?

If you tell lies you'll
get a pimple on your tongue.

Just wait until your Father gets home!

Don't pull faces...
if the wind changes
your face will
stay like that.

Dr. u. N. Bearable & Son
Plastic Surgeons.

Mon 9am — 5pm
Tues 12 noon — 5pm
Wed 9am —
Thurs 10 am —
Fri 11 am —
Sat 9am — 12 noon

If you don't eat your crusts
your hair wont grow curly.

A closed mouth catches no flies.

If it were any closer
it would bite you.

Don't play with that
or it will fall of.

The devil makes work
for idle hands.

Tidy yourself up,
you look like a street urchin.

NOTICE—
Auditions
for
"OLIVER"
Local Community
Hall

If you can't say something
nice about someone...
don't
say anything at all.

You're just like your father.

Do you want the
wooden spoon?

I'm only doing this
for your own good.

I'll give you something
to cry about in a minute.

Make sure you have clean
underwear on...
in case you get
run over by a bus.

When I was your age...

When you're as old
as I am you'll understand.